Königs Erläuterungen und Materialien

Band 308

Erläuterungen zu

Heinrich Böll

Die verlorene Ehre der
Katharina Blum

von Annette Gruhn-Hülsmann

Über die Autorin dieser Erläuterung:

Annette Gruhn-Hülsmann, geboren 1966 in Berlin. Studium der Mathematik und der Deutschen Philologie an der freien Universität Berlin. Dozentin in der Lehrerfort- und -weiterbildung Informatik. Seit 1995 Studienrätin an Gesamtschulen, zunächst in Neuss, dann in Kamp-Lintfort. Autorin von Unterrichtshilfen.

4. Auflage 2007
ISBN 978-3-8044-1732-8
© 2002 by C. Bange Verlag, 96142 Hollfeld
Alle Rechte vorbehalten!
Titelabbildung: Angela Winkler als Katharina Blum und Mario Adorf als Kommissar Beizmenne in der Verfilmung „Die verlorene Ehre der Katharina Blum" von Schlöndorff und Trotta.
Druck und Weiterverarbeitung: Tiskárna Akcent, Vimperk

Inhalt

Vorwort

Heinrich Bölls Erzählung *Die verlorene Ehre der Katharina Blum* ist ein junger Klassiker der Schullektüre. Auch mehr als fünfundzwanzig Jahre nach der Erstveröffentlichung 1974 hält der Erfolg an.

Die Medienlandschaft hat sich seitdem stark verändert: Privatfernsehen und -hörfunk sind dazugekommen, das Internet macht neue Informationszugänge möglich, die Verlagskonzentration hat in allen Bereichen – Zeitschriften, Zeitungen, Buchwesen – erheblich zugenommen. Dennoch erregt die Erzählung auch heute noch ihre Leser: Die Bild-Zeitung ist nach wie vor Marktführer der Sensationspresse. Darüber hinaus verzichten etliche private Hörfunk- und Fernsehsender sowie Internet-Redaktionen auf eigene journalistische Recherchen und „kaufen" ihre Nachrichten aus anderen Quellen, z. B von der Bild-Zeitung. So werden Bild-Themen noch weiter verbreitet als in den siebziger Jahren und erreichen ein größeres Publikum.

Die Position des Individuums inmitten der ausufernden Medienlandschaft ist diffiziler geworden. Heute werden Themen und Prominenz in einem Maß von den Medien gestaltet, wie man es sich vor fünfundzwanzig Jahren noch nicht vorstellen konnte. Um so wichtiger ist die Aufmerksamkeit gegenüber dieser Vermarktungsmaschinerie, die durch Lektüre der Erzählung geweckt werden kann.

Welches Schicksal würde Katharina Blum heute widerfahren? Diese Frage mag den heutigen Leser begleiten. Der vorliegende Band soll ihn in die Lage versetzen, das Böll'sche Werk in seinen Inhalten, seiner Darstellung, seinen Ursprüngen und

Folgen, auch in seinen Widersprüchen zu verstehen. Dabei ist der Weg das Ziel, denn **die** Interpretation gibt es auch hier nicht. Möge der Leser sich seine Meinung aufgrund der angebotenen Informationen selbst bilden und so seine literarische Erfahrung mehren!

Der vorliegende Band basiert auf der Textausgabe Heinrich Böll: *Die verlorene Ehre der Katharina Blum. Wie Gewalt entstehen und wohin sie führen kann. Mit einem Nachwort des Autors: Zehn Jahre später.* München: dtv, [38]2001 (dtv 1150).

1. Heinrich Böll: Leben und Werk

1.1 Biografie

Jahr	Ort	Ereignis	Alter
1917	Köln	Am 21. 12. als dritter Sohn des Schreinermeisters Viktor Böll und seiner zweiten Frau Maria, geb. Hermanns, geboren	
1924–1928	Köln	Besuch der katholischen Volksschule	6–10
1928–1937	Köln	Besuch des humanistischen Kaiser-Wilhelm-Gymnasiums	10–19
1937	Bonn	Beginn einer Buchhändlerlehre bei der Firma Matthias Lempertz	19
1938	Köln	Abbruch der Lehre, Reichsarbeitsdienst, erste schriftstellerische Versuche	20
1939	Köln	Immatrikulation an der Universität als Student der Germanistik und der Alten Philologie	21
1939–1945	Polen, Frankreich, Sowjetunion	Kriegsdienst als Infanterist	21–27
1945	Köln	Kurz in amerikanischer und englischer Kriegsgefangenschaft	27
1947	Köln	Erste Veröffentlichungen in Zeitschriften und Zeitungen	29
1949	Köln	*Der Zug war pünktlich*	31

Jahr	Ort	Ereignis	Alter
1950	Köln	*Wanderer. kommst du nach Spa …*	32
1951	Köln	*Wo warst du Adam?* Preis der Gruppe 47 für die Erzählung *Die schwarzen Schafe*	33
1952	Köln	*Nicht nur zur Weihnachtszeit*	34
1953	Köln	*Und sagte kein einziges Wort*	35
1954	Irland	Erster längerer Aufenthalt *Haus ohne Hüter*	36
1955	Köln	*Zum Tee bei Dr. Borsig*	37
1957	Köln	*Irisches Tagebuch*	39
1958	Köln	*Dr. Murkes gesammeltes Schweigen und andere Satiren*	40
1959	Köln	*Billard um halb zehn*	41
1963	Köln	*Ansichten eines Clowns*	45
1964	Frankfurt a. M.	Gastdozentur für Poetik an der Johann-Wolfgang-Goethe-Universität	46
1967	Darmstadt	Georg-Büchner-Preis	49
1968	Prag	Aufenthalt in der CSSR während des sowjetischen Truppeneinmarschs Unterstützung der APO	50
1970–1972	Darmstadt	Präsident des deutschen PEN-Zentrums	52–54
1971–1974	London	Präsident des internationalen PEN-Zentrums	53–56
1971	Köln	*Gruppenbild mit Dame*	53
1972	Stockholm; Deutschland	Nobelpreis für Literatur Diskussion um den Spiegelartikel *Will Ulrike Meinhof Gnade*	54

Jahr	Ort	Ereignis	Alter
		oder freies Geleit?	
1973		Ehrendoktor der Universitäten Dublin, Birmingham und Uxbridge	55
1974	Köln	Carl-von-Ossietzky-Medaille der Internationalen Liga für Menschenrechte **Die verlorene Ehre der Katharina Blum**	56
1976	Köln	Austritt aus der katholischen Kirche *Einmischung erwünscht. Schriften zur Zeit* (Sammlung publizistischer Arbeiten)	58
1977	Köln	Erscheinen der ersten fünf Bände einer Werkausgabe	59
1979	Köln	Ablehnung des Bundesverdienstkreuzes *Fürsorgliche Belagerung*	61
ab 1980		Engagement in der Friedensbewegung	62
1982	Köln	Umzug nach Bornheim-Merzen Ehrenbürger der Stadt Köln	64
1984	Köln	Die Stadt Köln erwirbt das bereits als Dauerleihgabe der Kölner Zentralbibliothek überlassene Archiv des Autors.	66
1985	Langenbroich; Köln	Am 16. 7. plötzlicher Tod nach Gefäßerkrankung *Frauen vor Flusslandschaft* (posthum)	67

1.2 Zeitgeschichtlicher Hintergrund

Situation von innenpolitischen Konflikten bestimmt, in die weite Teile der Gesellschaft verwickelt sind.

Die Situation der Bundesrepublik Deutschland Anfang der siebziger Jahre ist von innenpolitischen Konflikten bestimmt, in die weite Teile der Gesellschaft verwickelt sind. Zum Verständnis der Situation muss man etwas zurückblicken: Nachdem die CDU achtzehn Jahre lang die Regierungen der Bundesrepublik Deutschland gestellt hat, führten wirtschaftliche Rückgänge 1967 zu Veränderungen im Parteiengefüge. Die Bevölkerung forderte Maßnahmen, um die Wirtschaft wieder in Schwung zu bringen. Daraufhin bildete sich die Große Koalition zwischen CDU und SPD unter Kurt Georg Kiesinger (CDU), die ca. 90 % der Wählerstimmen auf sich vereinigte. Die FDP – damals waren lediglich drei Parteien im Parlament vertreten – bildete die parlamentarische Opposition. Die neue Regierung war zunächst umstritten: Bundeskanzler Kiesinger wurde seine politische Vergangenheit vorgeworfen (er war seit 1933 Parteimitglied der NSDAP), der SPD wiederum, dass sie sich in ein derartiges politisches Bündnis einließ. Im Allgemeinen wurde kritisiert, dass die parlamentarische Opposition aufgrund ihrer geringen Quantität praktisch machtlos war. Darüber hinaus versuchten die rechtsradikalen Parteien, vor allem die NPD ist zu nennen, die **Unzufriedenen zu mobilisieren.** Sie schaffte es, bis 1969 in sieben Landtage einzuziehen. Es war den rechtsradikalen Parteien jedoch nicht möglich, eine Alternative auf Dauer darzustellen.

Die Große Koalition arbeitete äußerst erfolgreich. Die **konzertierte Aktion**, d. h. der Zusammenschluss von Tarifparteien und Regierung, und das **Gesetz zur Förderung von**

Stabilität und Wachstum kurbelten erfolgreich die Wirtschaft an. Dennoch nahmen die politischen Unruhen ab 1967 zu: Aufgrund des seit Jahren vernachlässigten Bildungssystems murrten zunächst die Studenten. In Berlin mit Demonstrationen beginnend verlangten sie höhere Bildungsausgaben, die Demokratisierung der Hochschulen und Reformen des Schulsystems. Darüber hinaus richteten sich die Proteste auch gegen übergeordnete politische Ziele, etwa gegen den Kriegseinsatz der USA in Vietnam.

Nach dem Tod von Benno Ohnesorg im April 1967 – er wurde von einem Polizeibeamten bei einer Demonstration gegen den Besuch des Schahs in Berlin erschossen – griffen die Unruhen auf das Bundesgebiet

polemische und parteiische Berichterstattung in der Springerpresse

über. Aufgrund der polemischen und parteiischen Berichterstattung in der Springerpresse, insbesondere der *Bild*, richteten sich die studentischen Proteste im Folgenden auch gegen das Verlagshaus Axel Springer. (Zum damaligen Zeitpunkt gab der Verlag u. a. *Bild*, *Bild am Sonntag*, *Berliner Morgenpost*, *Hamburger Morgenpost*, *BZ*, *Welt*, *Welt am Sonntag* heraus.) Nach dem Attentat auf Rudi Dutschke, einem der Wortführer der Studenten, im April 1968 durch einen geistig verwirrten Einzeltäter, der durch die Bild-Zeitung zu seiner Tat angeregt worden war, eskalierten die Proteste in einer Welle von Straßenkämpfen, Demonstrationen und in Blockaden der Gebäude der Springerpresse. Dabei wurden die Demonstranten durch linksliberale Kritiker unterstützt.

Die studentische Protestbewegung bildete in dieser Zeit zusammen mit anderen Gruppen die sogenannte außerparlamentarische Opposition, häufig abgekürzt APO genannt. Diese Protestbewegung artikulierte in phantasievollen Formen wie Sit-ins, Go-ins, Teach-ins im politischen Bereich jene gesellschaftlichen Veränderungen, die in anderen Bereichen in den sechziger Jahren bereits Wirkung zeigten. Als Beispiele seien das Aufkommen der Popmusik, die Mode (der Minirock!), der Film und auch die Literatur genannt.

Als sich 1969 Zeichen für das Ende der Großen Koalition mehrten, war auch die APO am Ende. Mit der Bildung der sozialliberalen Regierungskoalition unter Willy Brandt wurden die aufgeworfenen innenpolitischen Probleme bearbeitet und für die Protestgenerationen blieb „der Marsch durch die Institutionen" (Rudi Dutschke). Die Entstehung subkultureller Milieus Ende der sechziger Jahre förderte jedoch auch die Bildung terroristischer Gruppen wie der Roten Armee Fraktion, abgekürzt RAF. Diese bejahten den Einsatz von Gewalt zur Durchsetzung politischer Ziele, zunächst gegen Dinge, später auch gegen Menschen.

Andreas Baader und Gudrun Ensslin verübten im April 1968 in Frankfurt am Main einen Bombenanschlag auf ein Kaufhaus, um auf den Krieg in Vietnam aufmerksam zu machen.

So verübten Andreas Baader und Gudrun Ensslin im April 1968 in Frankfurt am Main einen Bombenanschlag auf ein Kaufhaus, um auf den Krieg in Vietnam aufmerksam zu machen. Verletzt wurde niemand, es entstand jedoch erheblicher Sachschaden. Sie wurden zu drei Jahren Freiheitsstrafe verurteilt. Nach der Ablehnung der Revision 1969 kehrten die beiden nicht mehr in die Haft zurück, sondern tauchten unter. Im April 1970 wurde Andreas Baader bei einer Verkehrskontrolle festgenommen. Im darauf folgenden Mai wurde er unter anderem von Ulrike Meinhof bei einem Bibliotheksbesuch aus der Haft befreit. In den folgenden Jahren kam es zu Brand- und Sprengstoffanschlägen gegen Vertreter der Justiz, gegen Einrichtungen der US-Armee und gegen den Springer-Verlag. Außerdem verübten die Terroristen mehrere Banküberfälle, um ihre Anschläge zu finanzieren.

Diese Entwicklung ging einher mit einer Verstärkung der staatlichen Sicherheitskräfte und der publizistischen Hetze in weiten Teilen der Presse. Die Regierung – darin einig mit der Opposition und mit der Bevölkerung – verstärkte den Bundesgrenzschutz und vor allem das Bundeskriminalamt (BKA) in Wiesbaden, die deutsche Zentrale der Terrorismusbekämpfung. Im Juni 1972 wurden Baader, Ensslin und Meinhof verhaftet – die so genannten Köpfe der ersten Generation der

Im Juni 1972 wurden Baader, Ensslin und Meinhof verhaftet.

RAF. Aus der Haft heraus versuchten sie ihre Revolution fortzusetzen. Eine sachliche Diskussion über den linksradikalen Terrorismus in Deutschland war aufgrund des aufgeheizten Klimas in Deutschland nicht möglich. Viele Bürger, die Staatskräfte und erst recht die Springerpresse reagierten hysterisch, wer versuchte neutral einzulenken, wurde schnell als **Sympathisant** abgestempelt.

1.3 Angaben und Erläuterungen zu wesentlichen Werken

Böll, der als junger Autor mit dem Schreiben von Kurzgeschichten begann, war diesen auch formal noch im späteren Werk verbunden. In den Kurzgeschichten schildert er ausschnittartig, aus einer scheinbaren Distanz beobachtetes, vermeintlich Alltägliches in ungeschmückten Worten. Die Konzentration des erzählten Geschehens auf einen knappen Zeitraum lässt sich in vielen weiteren Werken finden, so auch in der Erzählung *Die verlorene Ehre der Katharina Blum*.

Böll verstand sich als Chronist seiner Zeit.

Wie Böll in seinen Frankfurter Poetik-Vorlesungen sagte, verstand er sich als „Chronist seiner Zeit". Er wollte nicht die bestehenden Gesellschaftstrukturen analysieren, sondern das Leben der kleinen Leute abbilden. Dieses erzählt er in scheinbar müheloser, nüchterner Sprache. Lokal siedelte er seine Themen stets im Rheinland an. In dieser Tradition steht auch die Erzählung *Die verlorene Ehre der Katharina Blum*.

Sie entstand 1974, rund drei Jahre nach dem Erscheinen des Romans *Gruppenbild mit Dame* und rund fünf Jahre vor Veröffentlichung des Romans *Fürsorgliche Belagerung*. Es gibt vielfältige Bezüge zu beiden Werken:

Der 1971 erschienene Roman *Gruppenbild mit Dame*, für den Böll 1972 mit dem Nobelpreis ausgezeichnet wurde, grenzt sich von der knappen, zeitlich gerafften Gestaltung des Geschehens ab. Es handelt sich um eine ausführliche Darstellung der Zeit von 1920 bis etwa 1970, unter besonderer Berücksichtigung des Zweiten Weltkriegs und der Nachkriegszeit. Ausgehend von Leni Pfeiffer, der im Titel benannten Dame, schildert Böll ihr Leben, das ihrer Familie, ihrer Freunde und ihrer Feinde während der genannten Zeit, beeinflusst durch die Entwicklungen der deutschen Geschichte. Leni verkörpert die wahre christliche Existenz, sie ist eine Christin außerhalb der Kirche im tiefsten humanen Sinne. Die Geschichte der geradezu als personalisierte Hoffnung dargestellten Heldin wird von einem „Verf." genannten Erzähler dargeboten. Der „Verf." gibt dabei vor, dokumentarisch zu verfahren, indem er scheinbar neutral unter anderem interviewt, berichtet, zitiert. Am Ende des Romans tritt er selbst in Erscheinung. Böll thematisiert also auch hier schon die komplexe Beziehung von Fiktion und Realität. Dieses Merkmal der formalen Gestaltung sowie die positiv gezeichnete weibliche Heldin verweisen auf *Die verlorene Ehre der Katharina Blum*.

Der 1979 erschienene Roman *Fürsorgliche Belagerung* greift dagegen die Inhalte der hier untersuchten Erzählung auf. Er erzählt von der Familie Tolm, ausgehend vom Großvater und Zeitungsverleger Fritz Tolm. Dessen Kinder, Schwiegerkinder und Enkel stehen teilweise in scharfer Opposition zu seinem wirtschaftlichen Erfolg und der damit verbundenen Macht. Böll spiegelt damit innerhalb einer Familie die bundesrepublikanische Gesellschaft der siebziger Jahre vom Großindustriellen bis zum Terroristen wider. Daher wird Tolm – gemeinsam mit den zu ihm haltenden Familienmitgliedern – zum Schutz bewacht. Böll stellt dar, wie die Bewachung in eine Überwachung übergeht, wie aufgrund der „fürsorglichen Belagerung" schließlich das Privatleben der Familie zerstört wird. Zum einen lässt die äußerlich hervorstechende Auseinandersetzung mit dem Terrorismus an *Die verlorene Ehre der Katharina Blum* denken. Zum anderen ist es die Mixtur aus Publicity und Intimsphäre, aus Sentimentalem und Utopie, die an Katharina Blum, Ludwig Götten und Hubert Blorna erinnern lässt.

2. Textanalyse und -interpretation

2.1 Entstehung und Quellen

Bölls politische Haltung gegenüber Regierung und Gesellschaft wird Ende der sechziger Jahre zunehmend kritischer. Die Bildung der Großen Koalition zwischen CDU und SPD unter Kurt Georg Kiesinger wurde von ihm scharf kritisiert. Bei den 1967 ausbrechenden Studentenunruhen stellte sich Böll auf die Seite der Studenten. Er schloss sich einem Boykott von 105 Mitgliedern der Schriftstellervereinigung Gruppe 47 gegen die Springer-Presse an. Nach der Eskalation der Studentenproteste im April 1968 rief Böll zusammen mit dreizehn anderen namhaften Autoren dazu auf, die gewaltlosen Forderungen der Studenten zu beachten und die Rolle der Springer-Presse öffentlich zu diskutieren. Auch in der Folgezeit nahm Bölls politisches Engagement zu: Er protestierte gegen die Notstandsgesetze, unterstützte die SPD 1969 und 1972 im Bundestagswahlkampf, reiste in die Sowjetunion und in die Tschechoslowakei, war aktiv für das deutsche PEN-Zentrum (dessen Präsident er von 1970 bis 1972 war) und für den Deutschen Schriftstellerverband. Dabei wurde er von der deutschen Presse,

> Böll engagiert sich verstärkt politisch.

insbesondere der Springer-Presse, heftig angegriffen. Auch die Verleihung des Nobelpreises für Literatur 1972 an Böll minderte dieses kaum, stärkte aber sein nationales und internationales Renommée.

Die Auseinandersetzung flammte neu auf, nachdem *Bild* am 23. 12. 1971 zu einem Bankraub in Kaiserslautern die Überschrift *„Baader-Meinhof-Bande mordet weiter"* brachte, obwohl die Beteiligung der RAF nicht erwiesen war. Böll veröffentlichte daraufhin am 10. 1. 1972 im *Spiegel* den Artikel *Will Ulrike Meinhof Gnade oder freies Geleit?* Darin beschuldigte er das Boulevardblatt der „Aufforderung zur Lynchjustiz" (ebd., S. 55), des „nackten Faschismus" (ebd.), der „Verhetzung" (ebd.), der „Lüge" (ebd.) und des „Drecks" (ebd.). Er folgerte: „Die Bezeichnung Rechtsstaat wird fragwürdig, wenn man die gesamte Öffentlichkeit mit ihren zumindest unkontrollierbaren Instinkten in die Exekutive einbezieht" (ebd.). Eigentlich beabsichtigte er, die Situation zu entschärfen, um eine rechtsstaatliche Diskussion herbeizuführen. Böll wurde jedoch missverstanden, drückte sich teilweise vielleicht auch missverständlich aus.

Die Springerpresse, aber auch andere Organe der Medien schlugen zurück. In mehreren Artikeln in *Bild*, *Welt* und *Welt am Sonntag* forderte man z. T. unterstützt von prominenten CDU-Politikern Bölls Rücktritt als Präsident des internationalen PEN-Zentrums. Er wurde der Unterstützung des linksradikalen Terrorismus verdächtigt. Am 1. Juni 1972, dem Tag der Verhaftung Andreas Baaders und anderer führender Terroristen in Frankfurt a. M., wurde im Rahmen der laufenden Großfahndung Bölls Landhaus in der Eifel von der Polizei aufgesucht, es wurden die Personalien seiner Hausgäste überprüft. Auf dem SPD-Parteitag am 12. 10. 1972 in Dortmund redete Böll schließlich „gegen die massive publizistische Gewalt einiger Pressekonzerne, die in erbarmungsloser Stimmungsmache die Arbeit erschwert und Verleumdung nicht gescheut" (Böll, *Essayistische Schriften*, S. 605) haben. Böll formulierte seine Medienkritik als Anklage gegen das Interessengeflecht von Presse, Wirtschaft und Politik.

Ein weiterer, von Böll selbst genannter Aspekt der Entstehung ist das Geschehen um den Hannoveraner Psy-

> Geschehen um den Hannoveraner Psychologieprofessor Peter Brückner

chologieprofessor Peter Brückner. Dieser wurde im Januar 1972 zeitweilig vom Dienst suspendiert, da er im Verdacht stand, Angehörige der Baader-Meinhof-Gruppe in seinem Haus übernachten zu lassen. Wie Böll wurde auch er in den Medien heftigst angegriffen. Er schildert: „Je nachdem, wann und in welchen Zeitungen Berichte über mich erschienen, setzte bei Tag und Nacht eine Flut von anonymen Telefonanrufen ein. Es gab viele Drohbriefe. Auf der Straße wandten sich viele von mir ab. Ich sah mich plötzlich betroffen, belastet, diffamiert und fragte mich: Bin ich's oder bin ich's nicht?" (Höring, S. 7)

Im Februar 1974 war Böll noch einmal konkret von der Terrorismusfahndung betroffen. Sein Sohn Raimund, dessen gestohlener Wehrpass in einer konspirativen Wohnung gefunden wird, geriet in den Verdacht der linksterroristischen Komplizenschaft. Dabei traf es Böll besonders, dass die *B. Z.* – ein zum Springer-Konzern gehörendes Blatt – schon Stunden vor der tatsächlichen Hausdurchsuchung das Geschehen meldete. Dies ließ auf eine Verbindung der Springer-Presse mit der Polizei schließen. Das war vermutlich der direkte Anstoß zum Verfassen der Erzählung *Die verlorene Ehre der Katharina Blum*.

> Text innerhalb weniger Wochen ab Mitte Februar 1974 entstanden.

Der Text ist wahrscheinlich innerhalb weniger Wochen ab Mitte Februar 1974 entstanden. Böll veröffentlichte die Erzählung schließlich Ende Juli 1974 in vier Folgen im *Spiegel*, der damit zum ersten Mal einen belletristischen Text druckte. Die sich anschließende Buchausgabe wurde ein Bestseller (vgl. 4.)

Die Thematik der Erzählung ist durch den Spiegel-Artikel *Will Ulrike Meinhof Gnade oder freies Geleit?* und seine Auswirkungen, durch das Geschehen um Professor Brückner und durch die persönlich spürbaren Folgen der Terrorismusbekämpfung für Bölls Familie entstanden. Dennoch sollte man nicht außer Betracht lassen, dass *Die verlorene Ehre der Katharina Blum* natürlich nicht nur von äußeren tatsächlichen Geschehnissen angeregt wurde, sondern eine Fortschreibung Bölls innerhalb seines Gesamtwerks darstellt.

2.2 Inhaltsangabe

Die Erzählung gliedert sich in 58 Kapitel, denen hier gefolgt wird.

1. Kapitel
Der Erzähler, der sich als Berichterstatter ausgibt („Für den folgenden Bericht ...", S. 7), benennt die Hauptquellen seines Berichtes. Die Nebenquellen ergeben sich aus dem Bericht selbst.
- Bericht, der drei Hauptquellen und mehrere Nebenquellen hat.

2. Kapitel
Der Bericht wird vom Erzähler mit einer Dränage bzw. Trockenlegung verglichen.
- Bericht kann mit Trockenlegung eines sumpfigen Geländes verglichen werden.

3. Kapitel
Das Geschehen wird vom Erzähler grob skizziert. Er schildert, dass am Abend des 20. 2. 1974, dem Mittwoch vor Weiberfastnacht, eine junge Frau ihre Wohnung verlässt, um an einem privaten Tanzvergnügen teilzunehmen. Am Sonntag darauf sucht sie Kriminaloberkommissar Moeding auf, um sich selbst des Mordes am Journalisten Tötges zu bezichtigen. Moeding nimmt sie in Haft, leitet weitere Schritte ein und überprüft ihre Angaben, die sich als wahr herausstellen.
- Das äußere Handlungsgerüst der Erzählung wird dargestellt.

„Die Tatsachen, die man vielleicht zunächst einmal darbieten sollte, sind brutal: am Mittwoch, dem 20. 2. 1974, am Vorabend von

*Weiberfastnacht, verlässt in einer Stadt eine junge Frau von sie-
benundzwanzig Jahren abends gegen 18.45 Uhr ihre Wohnung,
um an einem privaten Tanzvergnügen teilzunehmen.*
*Vier Tage später, nach einer – man muss es wirklich so ausdrü-
cken (...) – dramatischen Entwicklung, am Sonntagabend um
fast die gleiche Zeit – genauer gesagt gegen 19.04 –, klingelt sie
an der Wohnungstür des Kriminaloberkommissars Walter Moeding, der eben dabei ist, sich aus dienstlichen, nicht privaten Gründen als Scheich zu verkleiden, und gibt dem erschrockenen Moeding zu Protokoll, sie habe mittags gegen 12.15 Uhr in ihrer
Wohnung den Journalisten Werner Tötges erschossen, ..."* (S. 9)

4. Kapitel

Katharina Blum wird beschuldigt, den am Fastnachtsdienstag
erschossenen Bildjournalisten Schönner getötet zu haben. In-
dizien entlasten sie schließlich.

- Katharina Blum in weiterem Mordverdacht, der sich jedoch nicht bestätigt.

5. Kapitel

Ein Vertreter der am Karneval verdienenden Industrie freut
sich, dass das Geschehen erst am Rosenmontag bzw. Ascher-
mittwoch bekannt gegeben wurde und so den finanziellen
Umsatz im Karneval nicht schmälern konnte.

- Finanzielle Aspekte von Gewaltverbrechen in der Karne-
  valszeit

6. Kapitel

Die ZEITUNG, Arbeitgeber der beiden Journalisten, huldigt
der Morde an ihren Angestellten mit Darstellungen ungekann-
ten Ausmaßes. Sie stellt Katharina Blum als Täterin in beiden
Fällen dar.

- Berichterstattung der ZEITUNG zu den Journalisten-Morden

7. Kapitel

Das Vermögen der Katharina Blum wird zunächst vom Rechtsanwalt Blorna verwaltet. Tötges wird mit unangemessenem Aufwand beerdigt.

- Folgen des Mordgeschehens

8. Kapitel

Katharina Blums Tagesablauf am Mittwoch vor dem Tanzvergnügen wird berichtet. Sie erhält von Blornas – ihren Arbeitgebern als Hausgehilfin – zwei Wochenlöhne und verabschiedet sich von ihnen, da die viel beschäftigten Akademiker in den wohlverdienten Wintersport fahren. Anschließend fährt sie das Ehepaar Hiepertz zum Bahnhof, da es die Stadt während der Karnevalstage ebenfalls zu verlassen pflegt. Katharina Blum bereitet sich auf den Tanzabend vor und benutzt die Straßenbahn, um zu ihrer Tante Else Woltersheim, der Gastgeberin des Tanzvergnügens, zu gelangen.

- Katharina Blums Tätigkeiten am Mittwoch vor dem Tanzvergnügen

9. Kapitel

Während des Tanzvergnügens tanzt sie ausschließlich mit Ludwig Götten.

- Katharina Blum auf dem Tanzvergnügen

10. Kapitel

Katharina Blums Telefon – wie auch das von Else Woltersheim – wird seit Verlassen des Tanzvergnügens gemeinsam mit Ludwig Götten abgehört.

• Katharina Blum verlässt mit Ludwig Götten das Tanzvergnügen, ihr Telefon wird abgehört.

11. Kapitel
Kommissar Beizmenne stürmt am Donnerstag morgen mit acht
schwer bewaffneten Polizisten gegen 10. 30 Uhr die Wohnung.
Er findet eine entspannte Katharina Blum vor. Ludwig Götten
wird nicht mehr angetroffen.

• Am Donnerstag vormittag wird Katharina Blums Wohnung
von Polizeikräften gestürmt.

12. Kapitel
Als Ursache für Katharina Blums spätere Zurückhaltung und
Verschlossenheit gegenüber den polizeilichen Befragungen wird
Beizmennes unsensibles, aggressiv männliches Verhalten dar-
gestellt.

• Mögliche Ursache für Katharina Blums verschlossenes Verhalten gegenüber der Polizei

*„Beizmenne soll die aufreizend gelassen an ihrer Anrichte lehnen-
de Katharina nämlich gefragt haben: ‚Hat er dich denn gefickt?',
woraufhin Katharina sowohl rot geworden sein wie in stolzem
Triumph gesagt haben soll: ‚Nein, ich würde es nicht so nennen.'"*
(S. 19)

13. Kapitel
Katharina Blums Wohnung wird durchsucht, sie darf sich unter der Aufsicht einer Polizeibeamtin im Bad anziehen.

• Weiteres Geschehen in Katharina Blums Wohnung

*„Da sie dauernd fragte ‚Aber wieso, wieso denn, was habe ich
denn verbrochen', wurde ihr schließlich von der Kriminalbeamtin*

> *Pletzer in höflicher Form mitgeteilt, dass Ludwig Götten ein lan-*
> *ge gesuchter Bandit sei, des Bankraubes fast überführt und des*
> *Mordes und anderer Verbrechen verdächtig." (S. 20)*

14. Kapitel

Als Katharina Blum aus ihrer Wohnung zur Vernehmung ge-
führt wird, warten im Foyer des Hauses mehrere Bewohner.
Der Pressefotograf Schönner fotografiert sie mehrmals trotz
Gegenwehr.

- Katharina Blum wird zur Vernehmung geführt.

15. Kapitel

Katharina Blum schildert ihren Lebenslauf.

- Katharina Blums Lebenslauf
- Der Gang ihrer Ausbildung, ihre Berufstätigkeit
- Ihr Arbeitsalltag
- Ihre finanzielle Situation

> *„...weil Herr Doktor immer häufiger zudringlich wurde und Frau*
> *Doktor das nicht leiden mochte. Auch ich mochte diese Zudring-*
> *lichkeiten nicht." (S. 23)*

16. Kapitel

Während der Mittagspause in der Vernehmung weigert sich
Katharina Blum, Kaffee und Brote von den Polizisten anzuneh-
men. Sie besteht darauf, in eine Zelle gebracht zu werden und
lässt sich schließlich aus einem Café Kuchen und Tee auf eigene Rechnung bringen. Die sie bewachenden Polizisten empfinden sie als humorlos.

- Pause während der Vernehmung

17. Kapitel

Die Vernehmung wird fortgesetzt. Katharina Blum berichtet, dass sie bei Abendveranstaltungen im Hause Blorna gelegentlich mit deren Gästen getanzt habe, diese aber oft zudringlich geworden wären. Daher sei der Hausball bei ihrer Tante seit langem das erste Tanzvergnügen, zu dem sie gegangen sei.

- Katharina Blums Verhalten bei gesellschaftlichen Ereignissen

18. Kapitel

Katharina Blums Vernehmung dauert ungewöhnlich lange, weil sie auf die genaue Formulierung ihres Wortlauts im Protokoll achtet.

- Katharina Blums sprachliche Sensibilität in Bezug auf das Polizeiprotokoll

19. Kapitel

Bei der Befragung der Hausbewohner erfährt die Polizei, dass Katharina Blum in den zwei Jahren etwa acht bis neun Mal **Herrenbesuch** gehabt hat. Auf die Identität der Herrenbesucher angesprochen, verweigert Katharina jedoch die Aussage.

- Katharina Blum wird auf die **Herrenbesuche** angesprochen.

„Nun wurde Beizmenne wieder väterlich und redete ihr zu, sagte, es sei doch gar nichts Schlimmes, wenn sie einen Freund habe, der – und hier machte er einen entscheidenden psychologischen Fehler – nicht zudringlich, sondern vielleicht zärtlich zu ihr gewesen sei; sie sei ja geschieden und nicht mehr zur Treue verpflichtet, und es sei nicht einmal – der dritte entscheidende Fehler! – verwerflich, wenn da möglicherweise bei unzudringlichen Zärtlichkeiten gewisse materielle Vorteile heraussprängen." (S. 32)

20. Kapitel

Moeding bringt Katharina Blum nach Hause. Er empfiehlt ihr, nicht ans Telefon zu gehen und nicht die morgige Zeitung zu lesen.

- Beizmennes Assistent Moeding setzt sich für Katharina Blum ein.

21. Kapitel

Blorna wird am Donnerstag in seinem Urlaub von einem Reporter der ZEITUNG aufgesucht und zu einer – allerdings zurückhaltenden – Aussage über Katharina Blum gebracht.

- Die ZEITUNG sucht Blorna im Urlaub auf.

22. Kapitel

Blorna liest am Freitagmorgen die ZEITUNG, die über das Geschehen am Donnerstag berichtet. Blorna und seine Frau beschließen abzureisen.

- 1. ZEITUNGsartikel über Katharina Blum
- Blornas beschließen, den Urlaub abzubrechen.

> *„RÄUBERLIEBCHEN KATHARINA BLUM VERWEIGERT AUSSAGE ÜBER HERRENBESUCHE."* (S. 36)
>
> *„...dass die ZEITUNG aus seiner Äußerung, Katharina sei klug und kühl, ‚eiskalt und berechnend' gemacht hatte..."* (ebd.)
>
> *„Der Pfarrer von Gemmelsbroich hatte ausgesagt: „Der traue ich alles zu. Der Vater war ein verkappter Kommunist und ihre Mutter, die ich aus Barmherzigkeit eine Zeitlang als Putzhilfe beschäftigte, hat Messwein gestohlen und in der Sakristei mit ihren Liebhabern Orgien gefeiert."* (S. 36 f.)
>
> *„DIE ZEITUNG BLEIBT WIE IMMER AM BALL!"* (S. 37)

23. Kapitel

Blornas treffen am Samstagmorgen zu Hause ein und lesen den zweiten Artikel über Katharina Blum in der ZEITUNG.

- 2. ZEITUNGsartikel über Katharina Blum

„... äußerte der Altphilologe und Historiker Hiepertz, bei dem die Blum seit 3 Jahren arbeitet: ‚Eine in jeder Beziehung radikale Person, die uns geschickt getäuscht hat.'

(Hiepertz, mit dem Blorna später telefonierte, schwor, folgendes gesagt zu haben: ‚Wenn Katharina radikal ist, dann ist sie radikal hilfsbereit, planvoll und intelligent – ich müßte mich schon sehr in ihr getäuscht haben, und ich habe eine vierzigjährige Erfahrung als Pädagoge hinter mir und habe mich selten getäuscht.')"
(S. 42)

„Welche Rolle spielt die Frau, die einmal als die ‚rote Trude' bekannt war, und ihr Mann, der sich gelegentlich als ‚links' bezeichnet. Hochbezahlter Industrieanwalt Dr. Blorna mit Frau Trude vor dem Swimming-pool der Luxusvilla." (S. 42 f.)

24. Kapitel

Katharina Blum wird am Freitag zum zweiten Mal verhört. Die Polizei wertet beschlagnahmte Gegenstände aus. Alles ergibt keine Anhaltspunkte für den Verdacht der Polizei. Allein der hohe Kilometerstand ihres Autos ist auffällig. Katharina Blum erläutert, dass sie bei Regen zum Zeitvertreib durch die Gegend fährt. Die Polizei hat jedoch auch einen kostbaren Ring gefunden, zu dessen Herkunft Katharina Blum keine Angaben macht.

- Die Polizei durchleuchtet Katharina Blums Leben.
- Über einen kostbaren Ring will sie keine Auskunft geben.
- Aus Einsamkeit fährt sie oft stundenlang im Auto durch den Regen.

25. Kapitel

Das Freitagverhör hat Katharina Blum gut durchgestanden, da sie kurz vorher von Ludwig Götten angerufen worden war. Das weiß natürlich auch Beizmenne, der ja die Telefone abhören lässt.

- Katharina Blum telefoniert mit Ludwig Götten.
- Die Polizei hört das Gespräch ab.

26. Kapitel

Blorna und Else Woltersheim halten Katharina Blum vor, sie hätte strafbar gehandelt, als sie Ludwig Götten zur Flucht verhalf. Katharina entgegnet, er sei es gewesen, auf den sie immer gewartet hätte.

- Katharina Blum erklärt ihr Verhalten Blorna und Else Woltersheim.

> *„Mein Gott, er war es eben, der da kommen soll, und ich hätte ihn geheiratet und Kinder mit ihm gehabt – und wenn ich hätte warten müssen, jahrelang, bis er aus dem Kittchen wieder raus war.'"* (S. 59)

27. Kapitel

Katharina Blums Vernehmung ist beendet.

- Katharina Blum fragt, ob die Berichterstattung der ZEITUNG legitim ist.

> *„Wer liest das schon? Alle Leute, die ich kenne, lesen die ZEITUNG!'"* (S. 61)

28. Kapitel

Else Woltersheim wird vernommen. Sie kritisiert scharf die Behandlung Katharina Blums durch die ZEITUNG und er-

klärt, Götten vor dem Tanzabend nicht gekannt zu haben.
- Vernehmung von Else Woltersheim

29. Kapitel
Jetzt wird Hertha Scheumel vernommen. Sie berichtet, dass sie Ludwig Götten am Nachmittag vor dem Tanzvergnügen im Café Polkt kennengelernt habe und ihn für den Abend eingeladen habe.
- Vernehmung von Hertha Scheumel

30. Kapitel
Claudia Sterm bestätigt die Aussage von Hertha Scheumel.
- Vernehmung von Claudia Sterm

31. Kapitel
Andere Gäste des Hausballs bei Else Woltersheim bestätigen die vorliegenden Aussagen.
- Vernehmungen weiterer Gäste des Hausballs

32. Kapitel
Katharina Blum wird noch einmal vernommen. Die Polizisten werfen ihr vor, Ludwig Götten durch ein raffiniertes Manöver in die Hausparty eingeschleust zu haben. Sie streitet alle Vorwürfe ab.
- Weitere Vernehmung von Katharina Blum

33. Kapitel
Die Ermittlungsbeamten stellen fest, dass es sich bei dem ominösen Scheich Karl, der im Café Polkt und bei dem Tanzvergnügen anwesend war, um einen ihrer Kollegen handelt, der Ludwig Götten beschattete.
- Überwachungsstrategie der Polizei

34. Kapitel
Else Woltersheim und Konrad Beiters begleiten Katharina Blum nach Hause. Ihr Briefkasten quillt über – gefüllt mit Beleidigungen und Beschimpfungen. Es wird von anonymen Anrufern berichtet.
* Reaktion von Katharina Blums Umwelt auf die Berichterstattung in der ZEITUNG

35. Kapitel
Katharina Blum beschmutzt vor Wut ihre Wohnung, indem sie Flaschen verschiedenen Inhalts an die Wände wirft.
* Katharina Blum randaliert in ihrer Wohnung.

36. Kapitel
Der Berichterstatter überlegt, zu welchem Zeitpunkt wohl Katharina Blum den Mordgedanken gefasst habe.
* Überlegungen des Erzählers

37. Kapitel
Am Freitagabend versuchen Konrad Beiters und Else Woltersheim Katharina Blum in der Wohnung der Tante abzulenken. Katharina Blum besorgt sich am frühen Samstagmorgen die neueste Ausgabe der ZEITUNG.
* Verlauf des Freitagabends für Katharina Blum

> *„.... wo sie in der Morgendämmerung den ersten besten ZEITUNGskasten aufgerissen und eine Art Sakrileg begangen hat, denn sie hat das VERTRAUEN der ZEITUNG missbraucht, indem sie eine ZEITUNG herausnahm, ohne zu bezahlen!"* (S. 82)

38. Kapitel

Am Samstagmorgen unterhalten sich Blornas über das Geschehen. Trude stellt fest, dass es sich bei Katharina Blums Herrenbesuch um ihren Bekannten Sträubleder handeln muss. Sie erklärt ihrem Mann, dass Katharina über sie Zugang zum Plan der Versorgungsleitungen in deren Wohnkomplex gehabt habe und so Ludwig Götten zur Flucht verhelfen konnte.

- Identifikation des Herrenbesuchs durch Trude Blorna
- Wie Katharina Blum Ludwig Götten zur Flucht verhelfen konnte

39. Kapitel

Sträubleder sucht Blorna auf.

- Besuch Sträubleders bei Blorna

40. Kapitel

Sträubleder bittet Blorna, zu seinem Ferienhaus in Kohlforstenheim zu fahren. Er vermutet, dass Katharina Blum – der er einen Schlüssel dazu ausgehändigt hat – dort Ludwig Götten versteckt hat und fürchtet, die Polizei könnte den Fahnenflüchtigen dort entdecken. Es ist jedoch zu spät; zeitgleich hört Trude Blorna im Radio, dass Ludwig Götten dort leicht verletzt festgenommen wurde. Sie rät Sträubleder, sich lieber um seine Ehefrau zu kümmern. Wütend geht er. Trude Blorna berichtet ihrem Mann, dass sie Katharina Blum aufgestöbert habe. Deren Mutter sei gestorben.

- Ludwig Götten wird in Sträubleders Ferienvilla gefasst.
- Streit zwischen Trude Blorna und Alois Sträubleder
- Katharina Blums Mutter ist gestorben.

41. Kapitel

Der Erzähler respektive Berichterstatter reflektiert über die Folgen des Abhörens von Telefonaten. Er sieht für die damit Beschäftigten psychische Gefahren.

- Reflexion des Erzählers über „Zäpfchen"

42. Kapitel

Tötges besucht Katharina Blums Mutter im Krankenhaus. Da man ihn nicht zu der schwerkranken, frisch operierten Frau lassen möchte, verkleidet er sich als Handwerker, um zu ihr zu gelangen. Ihre Aussage verdreht er nach bekanntem Muster.

- Wie Tötges es anstellt, die schwerkranke Mutter Katharina Blums zu interviewen.

„Er war vom Pförtner, von der Stationsschwester Edelgard und vom leitenden Arzt Dr. Heinen drauf aufmerksam gemacht worden, dass Frau Blum nach einer schweren, aber erfolgreichen Krebsoperation sehr ruhebedürftig sei; dass ihre Genesung geradezu davon abhängig sei, dass sie keinerlei Aufregungen ausgesetzt werde und ein Interview nicht in Frage käme. Den Hinweis, Frau Blum sei durch die Verbindung ihrer Tochter zu Götten ebenfalls ‚Person der Zeitgeschichte', konterte der Arzt mit dem Hinweis, auch Personen der Zeitgeschichte seien für ihn zunächst Patienten. Nun hatte Tötges während dieser Gespräche festgestellt, dass im Hause Anstreicher wirkten, und sich später Kollegen gegenüber geradezu damit gebrüstet, dass es ihm durch Anwendung des ‚simpelsten aller Tricks, nämlich des Handwerkertricks' – indem er sich einen Kittel, einen Farbtopf und einen Pinsel besorgte – , gelungen sei, am Freitagmorgen dennoch zu Frau Blum vorzudringen, denn nichts sei so ergiebig

wie Mütter, auch kranke; er habe Frau Blum mit den Fakten konfrontiert, sei nicht ganz sicher, ob sie das alles kapiert habe, denn Götten sei ihr offenbar kein Begriff gewesen, und sie habe gesagt: ‚Warum musste das so enden, warum musste das so kommen?', woraus er in der ZEITUNG machte: ‚So musste es ja kommen, so musste es ja enden.' Die kleine Veränderung der Aussage von Frau Blum erklärte er damit, dass er als Reporter drauf eingestellt und gewohnt sei, ‚einfachen Menschen Artikulationshilfe zu geben.'" (S. 102 f.)

43. Kapitel

Der Erzähler fragt, ob Tötges wirklich zu Katharina Blums Mutter vorgedrungen ist. Das Personal des Krankenhauses hält es eigentlich nicht für möglich. Tötges behauptet es jedenfalls und Katharina weiß von dieser Behauptung.

- Untersuchung von Tötges Besuch bei Katharinas Mutter

44. Kapitel

Am Samstagmittag treffen sich Katharina, die Blornas, Else Woltersheim und Konrad Beiters in Kuir. Katharina hat mit ihrer Tante das Krankenhaus besucht, um ihre Mutter ein letztes Mal zu sehen.

- Katharina Blum zu Tötges Besuch im Krankenhaus
- Katharina Blum über Sträubleder

45. Kapitel

Den Samstagabend verbringt Katharina mit Else Woltersheim und deren Freund Beiters bei Blornas. Es wird ein harmonischer, entspannter Abend.

- Der Samstagabend bei Blornas

46. Kapitel

Den restlichen Abend und die Nacht verbringt Katharina ruhig bei Else Woltersheim.

• Der restliche Samstagabend und -nacht

47. Kapitel

Katharina frühstückt am Sonntagmorgen und liest die SONNTAGSZEITUNG.

• Der Artikel über Katharina in der SONNTAGSZEITUNG

„*Als erstes nachweisbares Opfer der undurchsichtigen, immer noch auf freiem Fuß befindlichen Katharina Blum kann man jetzt ihre eigene Mutter bezeichnen, die den Schock über die Aktivitäten ihrer Tochter nicht überlebte.*" (S. 113)

„*Es liegen inzwischen der ZEITUNG Informationen vor, die fast schlüssig beweisen: nicht sie erhielt Herrenbesuch, sondern sie stattete unaufgefordert Damenbesuch ab, um die Villa auszubaldowern.*" (S. 114)

„*Offenbar sollte die Blum im Auftrag einer Linksgruppe die Karriere von S. zerstören.*

Will die Polizei, will die Staatsanwaltschaft tatsächlich dem schandebedeckten Götten glauben, der die Blum voll entlastet? Die ZEITUNG erhebt zum wiederholten Male die Frage: Sind unsere Vernehmungsmethoden nicht doch zu milde? Soll man gegen Unmenschen menschlich bleiben müssen?" (S. 114)

„*Welche Rolle spielte Frau Dr. Gertrud Blorna, die in den Annalen einer angesehenen TH heute noch als die ‚rote Trude' bekannt ist?*" (S. 115)

48. Kapitel

Von Beizmenne erfährt man Hintergründe über die Beschattung Göttens in der Sträubleder-Villa.

- Details der polizeilichen Ermittlung
- Zusammenarbeit von Polizei und ZEITUNG
- Angebliche kommunistische Vergangenheit von Else Woltersheim

„Einige wichtige Details verdanke er übrigens den Reportern der ZEITUNG, dem dazugehörigen Verlag und den mit diesem Haus verbundenen Organen, die nun einmal lockere und nicht immer konventionelle Methoden hätten, Einzelheiten zu erfahren, die amtlichen Rechercheuren verborgen blieben." (S. 116)

49. Kapitel

Else Woltersheim informiert Blornas über den Artikel in der SONNTAGSZEITUNG. Blorna will daraufhin Molotow-Cocktails basteln, um sich an der ZEITUNG und an Sträubleder zu rächen. Seine Frau hindert ihn daran und beschimpft statt dessen Lüding am Telefon.

- Blornas erfahren vom Artikel in der SONNTAGSZEITUNG.

50. Kapitel

Blorna recherchiert in Gemmelsbroich. Er findet heraus, dass der Pfarrer tatsächlich gesagt hat, was in der ZEITUNG stand. Die Familie Blum sei nicht besonders beliebt gewesen, aber eine direkte Verbindung zum Kommunismus ist nicht festzustellen.

- Blorna untersucht die Rolle der Familie Blum in Gemmelsbroich.

„....aber das einzige, den Kommunismus von Katharinas Vater belegende Zitat war eine von jenem im Jahre 1949 in einer der sieben Kneipen des Dorfes dem Bauern Scheumel gegenüber getane Äußerung, die gelautet haben sollte, „Der Sozialismus ist gar nicht das schlechteste". " (S. 120 f.)

51. Kapitel

Blorna vertritt Katharina und Ludwig Götten als Strafverteidiger vor Gericht. Infolge dessen berichtet die ZEITUNG weiterhin über ihn und seine Frau, über Katharina Blum und Ludwig Götten. Finanzielle Schwierigkeiten sind für ihn die Folgen, zumal er Katharinas Wohnung betreut: Er übernimmt die laufenden Zahlungen und versucht einen Käufer oder Mieter zu finden.

* Blornas Schwierigkeiten während des Strafprozesses

52. Kapitel

Sträubleder und Lüding entziehen Blorna die lukrativen internationalen Aufträge, statt dessen muss er sich mit wenig interessantem juristischen Kleinkram herumschlagen. Er bekommt Magenschmerzen und vernachlässigt seine Körperpflege.

* Blorna gerät in berufliche Schwierigkeiten.
* Das Geschehen hat für ihn psychische Folgen.

53. Kapitel

Blorna sorgt sich um Katharinas Verteidigung, da sie im privaten Gespräch mit ihm angibt, schon sehr früh am Donnerstag Mordgedanken gehabt zu haben. Im Gefängnis arbeitet Katharina Blum so korrekt wie immer. Wahrscheinlich erwarten sie acht bis zehn Jahre Haft.

* Eine Verteidigungsstrategie für die überaus ehrliche und korrekte Katharina Blum zu finden, ist schwierig.

- Katharina Blums Korrektheit wird im Gefängnis gefürchtet.

54. Kapitel

Ludwig Götten wird der Desertation aus der Bundeswehr, des Diebstahls von Geld und Waffen und der Bilanzfälschung angeklagt. Er muss wie Katharina mit acht bis zehn Jahren Haft rechnen. Katharina Blum möchte nach ihrer Entlassung ein Restaurant in einer anderen Gegend eröffnen.
- Anklage gegen Ludwig Götten
- Pläne von Katharina Blum für die Zeit nach der Haft

55. Kapitel

Auch Else Woltersheim hat Schwierigkeiten, das Geschehen zu verkraften. Sie wird aggressiv, wenn sie sieht, wie öffentliche Würdenträger oder andere Vermögende über Buffets herfallen, die der Steuerzahler finanziert.
- Psychische Folgen des Geschehens für Else Woltersheim

56. Kapitel

Auf einer Vernissage treffen die Ehepaare Blorna und Sträubleder aufeinander. Blornas werden wütend, als Sträubleders ihnen ihre Freundschaft versichern: Herr Blorna auf körperliche Weise, Frau Blorna verbal.
- Streit zwischen Blornas und Sträubleder

57. Kapitel

Blornas bieten ihre Villa zum Kauf an, Frau Blorna sucht eine neue Stellung. Blorna klärt die Herkunft der Tatwaffe. Sie gehört Konrad Beiters und ist eine ehemalige Dienstwaffe.
- Herkunft der Tatwaffe

„...von Konrad Beiters, der bei dieser Gelegenheit zugab, er sei ein alter Nazi, und dieser Tatsache allein verdanke er es wahrscheinlich, dass man bisher nicht auf ihn aufmerksam geworden sei." (S. 133)

58. Kapitel

Katharina Blum schildert den Tathergang und die Zeit danach, bis sie sich bei Moeding meldete, in einer Niederschrift.

- Der Tathergang

„Ja und dann klingelte es, und er stand schon vor der Tür, als ich aufmachte, und ich hatte doch gedacht, er hätte unten geklingelt, und ich hätte noch ein paar Minuten Zeit, aber er war schon mit dem Aufzug raufgefahren, und da stand er vor mir, und ich war erschrocken. Nun, ich sah sofort, welch ein Schwein er war, ein richtiges Schwein. Und dazu hübsch. Was man so hübsch nennt. Nun, Sie haben ja die Fotos gesehen. Er sagte: ‚Na, Blümchen, was machen wir zwei denn jetzt?' Ich sagte kein Wort, wich ins Wohnzimmer zurück, und er kam mir nach und sagte: ‚Was guckst du mich denn so entgeistert an, mein Blümelein – ich schlage vor, dass wir jetzt erst mal bumsen.' Nun, inzwischen war ich bei meiner Handtasche, und er ging mir an die Kledage, und ich dachte: ‚Bumsen, meinetwegen', und ich hab die Pistole rausgenommen und sofort auf ihn geschossen." (S. 135)

2.3 Aufbau

Bölls Erzählung folgt einem Schema, das ihm Vor- und Rücksprünge im Geschehen erlaubt. Ursache dafür ist

> Schema, das Vor- und Rücksprünge im Geschehen erlaubt.

das aus der Quellenmetapher gewonnene Strukturprinzip, das der Erzählung zu Grunde liegt.

Zum Verständnis des Lesers soll hier eine chronologische Übersicht der Ereignisse in *Die verlorene Ehre der Katharina Blum* dargestellt werden, bevor das Strukturprinzip verdeutlicht wird.

a) Chronologischer Ablauf der Ereignisse

Vorgeschichte Katharina Blums
- Geboren am 2.3.1947 in Gemmelsbroich
- Vater: Peter Blum, Bergarbeiter, gestorben 1953
- Mutter: Maria Blum, Putzfrau
- Älterer Bruder: Kurt Blum, zum Zeitpunkt der Erzählung in Haft
- Half bereits während der Schulzeit in vielen Haushalten
- 1961 Schulentlassung
- Danach Stelle als Hausgehilfin in der Metzgerei Gerbers
- 1962 bis 1965 Besuch der Hauswirtschaftsschule in Kuir
- 1966 bis 1967 Wirtschafterin im Ganztagskindergarten der Firma Koeschler
- 1967 bis 1968 Hausgehilfin beim Arzt Dr. Kluthen
- 1968 Hochzeit mit dem Textilarbeiter Wilhelm Brettloh
- 1968/69 Scheidung
- Im Anschluss daran: Wirtschafterin und Hausgehilfin beim Wirtschaftsprüfer Dr. Fehnern
- Zeitgleich bis Ende 1969: Fachprüfung zur staatlich geprüften Wirtschafterin

- Seit 1970 Wirtschafterin beim Ehepaar Dr. Blorna auf frei-
  beruflicher Basis
- Anfang 1970 Erwerb einer Eigentumswohnung
- Frühjahr 1972: Erwerb eines Volkswagens
  (15. Kapitel)

Mittwoch, 20. Februar 1974

- Nachmittags: Katharina verabschiedet sich von Blornas, die
  in Urlaub fahren und bringt das Ehepaar Hiepertz zur Bahn
  (Kapitel 8). Ludwig Götten und der Scheich Karl treffen im
  Café Polkt Hertha Scheumel und Claudia Sterm. Die Mädchen laden sie zum Tanzvergnügen bei Else Woltersheim
  ein. (Kapitel 29)
- Abends: Beim Tanzvergnügen tanzt Katharina nur mit Ludwig Götten und nimmt ihn anschließend mit in ihre Wohnung. (Kapitel 8)
- Nachts: Götten übernachtet bei Katharina Blum, entwischt
  der Polizei durch einen Heizungs-
  schacht. (Kapitel 11 und 44)

Götten übernachtet bei
Katharina Blum.

Donnerstag, 21. Februar 1974

- 10.30 Uhr: Eindringen der Polizei in Katharinas Wohnung,
  Durchsuchung (Kapitel 11 bis 13)
- 11.00 Uhr: Abführen Katharinas (Kapitel 14)
- 11.30 Uhr bis 12.30 Uhr; 13.30 Uhr bis 17.45 Uhr; 17.45
  Uhr bis 20.40 Uhr: Vernehmung Katharinas (Kapitel 15 bis
  17)
- 15.30 Uhr Reporter der ZEITUNG bei Blorna in Österreich
  (Kapitel 21)
- Nach 20.40 Uhr: Moeding bringt Katharina nach Hause.
  (Kapitel 20)

- 23.30 Uhr: Ludwig Götten ruft Katharina an. (Kapitel 25, 48)

Freitag, 22. Februar 1974
- Der 1. ZEITUNGsartikel erscheint. (Kapitel 22, 25)
- 5 Uhr: Katharina Blum fährt zu Else Woltersheim, wird dort von der Polizei abgeholt. (Kapitel 24)
- 9.30 Uhr: Blorna entdeckt Zeitungsbericht. (Kapitel 22)
- 10.25 Uhr: Anruf Lüdings bei Blorna (Kapitel 22)
- 10.40 Uhr: Anruf Katharinas bei Blorna (Kapitel 22)
- 11.00 Uhr: Anruf Sträubleders bei Blorna (Kapitel 22)
- 11.30 Uhr: Blornas entschließen sich abzureisen. (Kapitel 22)
- 12.15 Uhr Abreise Blornas mit wetterbedingten Verzögerungen (Kapitel 22)
- Vormittags: Tötges dringt im Krankenhaus zu Katharinas Mutter vor (Kapitel 42); Vernehmungen von Else Woltersheim (Kapitel 28), Hertha Scheumel (Kapitel 29) und Claudia Sterm (Kapitel 30)
- Weitere Vernehmung von Katharina Blum (Kapitel 32)   **Ermittlungen der Polizei**
- Katharina Blum in ihrer Wohnung: anonyme Beschuldigungen, Verwüstung der Wohnung (Kapitel 34, 35)
- Gemeinsamer Abend von Katharina mit Konrad Beiters und ihrer Tante (Kapitel 37)

Samstag, 23. Februar 1974
- 2. ZEITUNGsartikel erscheint (Kapitel 23, 37)
- Katharina Blum besorgt sich die Zeitung, ebenso Trude Blorna. (Kapitel 23, 37)
- 8.15 Uhr: Besuch Sträubleders bei Blornas (Kapitel 39, 40)

- Sträubleder kündigt das Interview von Katharina Blum durch Tötges an. (Kapitel 40)
- Götten wird festgenommen. (Kapitel 40)
- Katharinas Mutter ist gestorben. (Kapitel 40)
- Nachmittags: Treffen von Katharina, Blornas, Else Woltersheim und Konrad Beiters in Kuir. Katharina besucht ihre tote Mutter im Krankenhaus. (Kapitel 44)
- Am Abend: Katharina, Else Woltersheim, Konrad Beiters bei Blornas (Kapitel 45), Katharina übernachtet bei ihrer Tante. (Kapitel 46)

Sonntag, 24. Februar 1974
- 3. ZEITUNGsartikel (Kapitel 47)
- Katharina liest den Zeitungsartikel. (Kapitel 47)
- Katharina holt die Pistole aus Beiters' Wohnung. (Kapitel 57, 58)
- 10.30 Uhr bis 12.00 Uhr: Katharina im Journalistenlokal „Zur Goldente" (Kapitel 49)
- 12 Uhr: Katharina fährt zu ihrer Wohnung. (Kapitel 49)
- Gegen 12 Uhr: Blorna erfährt vom Zeitungsartikel und will einen Molotow-Cocktail bauen; Trude Blorna ruft Lüding an und beleidigt ihn. (Kapitel 49)

Katharina erschießt Tötges

- 12.15 Uhr: Katharina erschießt Tötges. (Kapitel 3)
- 12.15 Uhr bis 19 Uhr: Katharina treibt sich in der Stadt herum. (Kapitel 3)
- 19.04 Uhr: Katharina zeigt sich selbst an. (Kapitel 3)

Nachgeschichte:
- Blorna recherchiert in Gemmelsbroich. (Kapitel 50)
- Blorna übernimmt die Verteidigung von Katharina und Götten. (Kapitel 51)

- Weitere ZEITUNGsberichte über Katharina, Götten, Blornas. (Kapitel 51)
- Blorna übernimmt die Treuhänderschaft über Katharinas Wohnung. (Kapitel 51)
- Trude Blorna ist in einen arbeitsrechtlichen Prozess verwickelt. (Kapitel 51)
- Blornas Tätigkeiten bei der Lüstra werden reduziert. (Kapitel 52)
- Bei Blornas treten finanzielle Schwierigkeiten auf. (Kapitel 51, 52, 56, 57)
- Blorna vernachlässigt seine Körperpflege. (Kapitel 52, 57)
- Katharina verhält sich als Gefangene im Strafvollzug vorbildlich. (Kapitel 53)
- Katharina Blum und Ludwig Götten erwarten jeweils Strafen von acht bis zehn Jahren. (Kapitel 53, 54)
- Else Woltersheim verbittert. (Kapitel 55)
- Blorna und Sträubleder setzen sich handgreiflich auseinander. (Kapitel 56)

Bei der genauen Erstellung zeitlicher Übersichten sind schon Balzer[1] und Nägele[2] zwei logische Fehler aufgefallen. Balzer entdeckte, dass in Kapitel 27 an zwei Stellen „die beiden Ausgaben der Zeitung" (S. 60, S. 61) genannt werden. Da das in Kapitel 27 dargestellte Geschehen jedoch am Freitagvormittag spielt, ist erst ein ZEITUNGsartikel, nämlich der vom Freitag, erschienen und folglich ist Katharina Blum bislang nur von einer Ausgabe betroffen. Auch die Briefe, die sie am Freitagnachmittag als Reaktion auf den ersten ZEITUNGsartikel in ihrem Brief-

Logische Fehler

---

1   Balzer, S. 37
2   Nägele, S. 162

kasten findet, können per Post noch nicht dort angekommen sein. In Kapitel 36 wird der Fehler logisch fortgesetzt, denn dort heißt es: „Manche denken, dass schon der erste Artikel am Donnerstag in der ZEITUNG genügt habe, ..." (S. 79). Explizit schreibt Böll im 53. Kapitel: „...die [Katharina Blum, d. Verf.] angibt, schon am Donnerstag nach Lektüre des ersten Artikels *Mordgedanken* [Hervorhebung vom Autor] gehabt zu haben" (S. 126). Katharina Blum wird jedoch erst am Donnerstagvormittag gegen 11.00 Uhr verhaftet und abgeführt. Zu diesem Zeitpunkt begegnet sie das erste Mal Reportern der ZEITUNG! Sie hat weder Kontakt mit der Polizei gehabt noch am eigenen Leib erfahren, auf welche Art die ZEITUNG berichtet! Damit widerspricht sich Böll, denn das sonstige Geschehen in der Erzählung geht von einem ersten Artikel am Freitag aus. Am betreffenden Donnerstag läßt er Kriminaloberkommissar Moeding zu Katharina sagen: „...und schlagen Sie morgen keine Zeitung auf" (S. 34).

Nägele erkannte, dass sich bereits in Kapitel 4 ein logischer Fehler darstellt. Dort wird kurz behauptet, dass Katharina Blum auch des Mordes am Pressefotografen Schönner verdächtig sei, der am Veilchendienstag erschossen wurde. Dieser Verdacht ist in Anbetracht der Tatsache, dass Katharina seit Sonntagabend in Haft war, obsolet.

b) Das der Erzählung zu Grunde liegende Strukturprinzip

Im Motto „Personen und Handlung dieser Erzählung sind frei erfunden. Sollten sich bei der Schilderung gewisser journalistischer Praktiken Ähnlichkeiten mit den Praktiken der *Bild*-Zeitung ergeben haben, so sind diese Ähnlichkeiten weder beabsichtigt noch zufällig, sondern unvermeidlich." (S. 5), das Böll der Erzählung voranstellt, wird die *Bild*-Zeitung erwähnt. Nicht umsonst wird diese Bemerkung an den Anfang gestellt, schließlich ist eine den Springer-Verlag betreffende Äußerung Grundlage des Konstruktionsprinzips der Erzählung.

> Eine den Springer-Verlag betreffende Äußerung ist Grundlage des Konstruktionsprinzips der Erzählung.

Bei der Einweihung eines neuen Gebäudes des Verlags Axel Springer in Berlin-Kreuzberg am 6. 10. 1966 würdigte der damalige Bundespräsident Heinrich Lübke: „Hier springt eine klare Quelle." (*Der Tagesspiegel*, 7. 10. 1966). Nach Balzer war Böll diese Aussage bekannt[3]. In Kapitel 2 entwickelt er seine Quellenmetapher. Böll schreibt auch von „Niveauunter-schiede[n] und -ausgleiche[n]" (S. 8) und regt mit seiner Metapher zu Vergleichen in der Presselandschaft an. Schließlich gibt es Zeitungen höchst unterschiedlichen Niveaus. Er spricht von „Pfützenwasserpotentialen"(S. 8), tendiert also in seiner Wortwahl zu Bildern aus dem Bereich Gosse versus Hochniveau. Die ZEITUNG und ihre Ableger bewegen sich dabei auf der untersten Ebene.

Die Erzählung beginnt zunächst mit einem Erzählerbericht (Kapitel 1 bis 3), der zunächst die Quellen nennt, die Quellenmetapher einführt und scheinbar objektiv[4] die Tatsachen wiedergibt.

Sie stellt sich wie eine Kriminalgeschichte mit analytischem Aufbau dar: Zunächst wird die Tat geschildert, um

> Kriminalgeschichte mit analytischem Aufbau

dann im weiteren Verlauf das Mordmotiv zu entwickeln. Hier fragt sich der Leser darüber hinaus bis zum 57. Kapitel, wie eine derart unbescholtene Person wie Katharina Blum an eine Pistole herankommt.

---

3   Balzer, S. 25 f.
4   vgl. 2.6 a) in dieser Erläuterung

Böll hat nach einem konstruktiven Prinzip gearbeitet, das in der folgenden schematischen Übersicht deutlich wird.

Kapitel	**Zeit**	**Quelle**	**Inhalt**
1	Erzählgegenwart	EB	Quellen
2	Erzählgegenwart	EB	Quellen-metapher
3	Erzählgegenwart	EB; EK	„Tatsachen"
4	Erzählgegenwart	EB	2. Mordver-dacht
5	später	Karnevals-funktionär	Wirtschaftl. Fkt. d. Karnevals
6	später	EB	Meinung der ZEITUNG
7	Erzählgegenwart	EK	
8	Mittwoch	EB: Blorna, Hiepertz, Woltersheim	Vorbereitung der Hausparty
9	Mittwoch 19.25–22.00	EB: Katharina	Hausparty
10	Mittwoch, 22.00	EB: Hach	„Zäpfchen"
11	Mittwochnacht; Donnerstagmorgen	EB: PP	Stürmung der Wohnung
12	Donnerstag	EB: Hach, Blorna	Beizmennes Frage
13	Donnerstag	EB: PP, Katharina	Durchsuchung
14	Donnerstag, 11.00	EB	Abführen Katharinas
15	Donnerstag, 11.35–17.45	EB: PP	1. Vernehmung

Kapitel	Zeit	Quelle	Inhalt
16	Donnerstag, 12.30 - 13.30	EB: Polizeibeamte, Frau Pletzer	Mittagspause
17	Donnerstag, nach 17.45	EB: PP	Fortsetzung 1. Vernehmung
18	Donnerstag, während der Vernehmung	EB	Sprachliche Sensibilität
19	Donnerstag, bis 20.40	EB: PP	Vernehmungen
20	Donnerstag, nach 20.40	EB: Moeding	Katharinas Heimfahrt
21	Donnerstag, 15.30	EB: Blorna	Reporter bei Blorna
22	Freitag, 9.30 bis abends	EB: Blorna, ZEITUNG	Blornas Rückreise, 1. Artikel
23	Samstag 8.15	EB: Blorna, ZEITUNG	Blornas Ankunft, 2. Artikel
24	Freitagvormittag	EB: Frau Pletzer, Blorna, PP	2. Vernehmung
25	Freitag früher Morgen, Donnerstagnacht	EB	Ludwigs Anruf
26	Freitagmorgen	EB: Woltersheim	Katharinas Rechtfertigung
27	Freitag	EB: Pol.ass. Zündach, Hach	Katharina über ZEITUNG und Polizei

Kapitel	Zeit	Quelle	Inhalt
28	Freitag	EB: PP	Vernehmung Woltersheim
29	Freitag	EB: PP	Vernehmung Hertha Scheumel
30	Freitag	EB: PP	Vernehmung Claudia Sterm
31	Freitag	EB: PP	Weitere Vernehmungen
32	Freitagnachmittag	EB: PP	Weitere Vernehmung von Katharina
33	Freitag	EB	Taktik der Polizei
34	Freitagnachmittag	EB: Woltersheim	Anonyme Post und Anrufe
35	Freitagnachmittag	EB	Katharina verwüstet ihre Wohnung.
36	Erzählgegenwart	EB; EK	Spekulation über Mordabsicht
37	Freitagabend bis -nacht	EB: Woltersheim, Beiters	Verlauf des Abends
38	Samstagmorgen	EB: Blorna	Gespräch von Blornas
39	Samstagmorgen	EB: Blorna	Sträubleder trifft ein.
40	Erzählgegenwart; Samstagmorgen	EB: Blorna	Gespräch mit Sträubleder

Kapitel	Zeit	Quelle	Inhalt
41	Erzählgegenwart; Freitag?	EB; EK	Reflexion über Telefonüberwachung
42	Donnerstag	EB	Tötges bei Katharinas Mutter
43	später	EB: Ärzte, Schwestern des Krhs.	Hintergründe zu Tötges Besuch
44	Samstagmittag	EB: Blorna, Woltersheim, Beiters	Treffen in Kuir
45	Samstagnachmittag, -abend	EB: Blorna, Woltersheim, Beiters	Weiterer Verlauf
46	Samstagabend	EB. Woltersheim, Beiters	Abends bei Frau Woltersheim
47	Sonntagmorgen	EB: ZEITUNG, Woltersheim	3. Artikel
48	später	EB: Beizmenne, „intern"	Beizmennes Taktik
49	Sonntagvormittag	EB: Blorna	Blornas Reaktion, Katharina erwartet Tötges
50	später	EB: Blorna	Blorna recherchiert
51	später	EB: Blorna, ZEITUNG	Folgen für Blornas

Kapitel	Zeit	Quelle	Inhalt
52	später	EB: Blorna, ZEITUNG	Folgen für Blornas
53	später	EB: Blorna	Verteidigung Katharinas
54	später	EB: Blorna, Hach	Göttens Verbrechen
55	später	EB: Woltersheim	Veränderung von Frau Woltersheim
56	später	EB: Blorna	Konfrontation Blorna-Sträubleder
57	später	EB: Blorna	Folgen für Blornas
58	Erzählgegenwart; später	EB: Katharina	Schilderung des Tathergangs

Legende:
EB: Erzählerbericht[5]
EK: Erzählerkommentar
PP: Polizeiprotokoll

Die Darstellungen der Tage von Donnerstag bis Samstag, an

Verteilung der Kapitel
annähernd gleichmäßig

denen das Hauptgeschehen spielt, werden durch Rück- oder Vorsprünge gegliedert. Auch ist die Verteilung der Kapitel annähernd gleichmäßig. Böll ist einem Plan gefolgt.

---

5 Inwieweit es sich tatsächlich um einen Erzählerbericht handelt, wird in 2.6 Stil und Sprache erläutert.

2.4 Personenkonstellationen und Charakteristiken

Katharina Blum

Katharina Blum, die Heldin der Erzählung, ist eine junge, zunächst derart unbescholtene und anständige Frau,

> Unbescholtene und anständige junge Frau

dass es schwer fällt, ihr den bereits am Anfang der Erzählung zugeschriebenen Mord wirklich zuzutrauen. Bölls Erzählabsicht kann man darin sehen, im Gang der Erzählung ein Mordmotiv für Katharina zu entwickeln. Daher soll der Charakter der Katharina und seine Veränderungen hier im Folgenden sorgfältig untersucht werden:

Katharina beschreibt sich in Teilen der Erzählung selbst – vor allem ihren Lebenslauf – und wird andererseits von ihren Arbeitgebern und Freunden charakterisiert und schließlich durch Aussagen der ZEITUNG dargestellt. Dabei treten erhebliche Unterschiede auf, so dass es sinnvoll erscheint, hier Katharina aus eben diesen drei verschiedenen Perspektiven darzustellen.

a) Charakter Katharinas aufgrund von „Selbstaussagen"

Natürlich handelt es sich nicht um reale Selbstaussagen, da Katharina Blum eine fiktive Person ist. In Bezug auf die Gestaltung der Erzählung als Erzählbericht verwende ich jedoch diesen Terminus, da sich die Inhalte auf die fiktiven Vernehmungsprotokolle der Polizei beziehen.

Katharina Blum wurde am 2. März 1947 in Gemmelsbroich, Landkreis Kuir, geboren. Als sie sechs Jahre alt ist, stirbt ihr Vater Peter Blum an den Folgen einer Kriegsverletzung, die sich durch die Arbeit im Bergwerk verschlimmert hat. Da sich Knappschaft und Versorgungsamt nicht über eine Rente einigen können, muss Katharina schon früh ihrer Mutter, die als Putzfrau tätig ist, im Haushalt helfen. Auch in anderen Haushalten und bei der Feldarbeit ist sie fleißig. Ihre schulischen Leistungen leiden nicht darunter. Mit vierzehn verlässt sie die Schule und arbeitet im Haushalt und im Verkauf der Metzgerei Gerbers in Kuir. Mit (auch finanzieller) Hilfe ihrer Patentante Else Woltersheim, die dort Lehrerin ist, besucht sie die nächsten drei Jahre die Hauswirtschaftsschule in Kuir, die sie mit „sehr gut" absolviert. Im Anschluss daran ist sie für zunächst ein Jahr als Wirtschafterin in einem Kindergarten tätig, danach als Hausgehilfin beim Arzt Dr. Kluthen. Da der Mediziner ihr nachstellt, kündigt sie. Zudringlichkeiten dieser Art mag sie nicht und weicht ihnen – wenn mög-

Sexuelle Belästigung durch Arbeitgeber

lich – aus. Kurze Zeit später heiratet sie den Textilarbeiter Wilhelm Brettloh, mit dem sie jedoch nicht glücklich ist, da er „eben nie zärtlich, sondern immer nur zudringlich gewesen" (S. 30) sei. Vermutlich handelt es sich um einen Ausbruchsversuch der gerade Volljährigen, um vom unglücklichen Zuhause fortzukommen. Jedoch fördert die missglückte Ehe ihre Selbständigkeit: Nachdem sie schuldig geschieden ist, geht sie in die nahe Großstadt Köln[6], zunächst zu ihrer inzwischen dort tätigen Tante Else Woltersheim. Nach kurzer Zeit findet sie eine Stellung beim Wirtschaftsprüfer Dr. Fehnern, wiederum als Hausgehilfin. Ambitioniert bildet sie sich nebenher in Abendkursen zur staatlich geprüften Wirtschafterin weiter. Nachdem Dr. Fehnern Ende 1969 wegen Steuerbetrugs verhaftet wird, findet sie in Blornas neue Arbeitgeber.

---

6 Köln wird nicht explizit erwähnt, kommt aber als einzige Stadt aufgrund des Karnevals und der Nähe zur Eifel in Frage.

Inzwischen hat sie beruflich einen guten Leumund erworben. Sie macht nie Urlaub, sondern hilft im Saisongeschäft aus und übernimmt Neben- und Aushilfstätigkeiten. So ist es ihr möglich, nicht mehr als Angestellte, sondern als freiberufliche Haushälterin bei Blornas tätig zu sein. Da Katharina stets

> Freiberufliche Haushälterin bei Blornas

sehr sparsam lebt und für sich selbst nur wenig benötigt, kann sie mit Hilfe und durch Vermittlung Blornas eine Eigentumswohnung erwerben. Diese Wohnung bedeutet ihr nicht nur finanzielle Unabhängigkeit und Sicherheit, sondern ist auch ihr erstes eigenes Zuhause, das sie weder mit einer schwierigen Familie oder einem ungeliebten Ehemann teilen muss, noch ist es ein Dienstmädchenzimmer eines mehr oder weniger aufdringlichen Arbeitgebers. Wie es die Tätigkeit in Privathaushalten mit sich bringt, treten ihr auch bei den Partys der Blornas deren Gäste mitunter zu nahe. Da sie darauf angewiesen ist, nach Hause gebracht zu werden, macht sie gute Miene zu einem Spiel, das ihr eigentlich missfällt. Daher schafft sie sich so schnell wie möglich einen eigenen Wagen an, einen gebrauchten VW. Dieses Gefährt ermöglicht es ihr auch, an verregneten freien Tagen stundenlang in der Gegend bis in die Niederlande oder nach Belgien zu fahren. Sie möchte nicht allein vor dem Fernseher sitzen, womöglich noch mit einer Flasche alkoholhaltigen Inhalts neben sich. Besitzt sie deshalb keinen Fernseher? Womit sie sich in ihrer Freizeit beschäftigt, bleibt unklar. Es wirkt, als ob sie freie Zeit vermeidet, denn sie nimmt offenbar gern und häufig Nebentätigkeiten an, z. B. die eineinhalb bis zwei Stunden tägliche Hausarbeit bei Hiepertz' nach ihrer Arbeit bei den Blornas. In finanziellen Dingen ist sie pingelig bis peinlich genau, jede Ausgabe wird verzeichnet und kommentiert. Sie unterstützt ihre Mutter und ihren Bruder und sorgt für die Grabpflege des Vaters. So lässt sie – im Rahmen ihrer Möglichkeiten – ihre von ihr nicht geliebte Familie an ihrem Wohlstand teilnehmen. An Männern ist sie nicht interessiert. Nicht verwunderlich für eine junge Frau, die es seit frühester Jugend gewohnt ist, dass „Männer ihr an die Kledage wollen" (S. 136). Eine Ausnahme bildet nur Ludwig Götten, über den sie mythologisierend sagt: „Mein Gott, er war es eben, der da kommen soll,..." (S. 59). In ihn verliebt sie sich auf den ersten Blick und zwar derart, dass sie ihn gleich nach dem Kennenlernen in ihre Wohnung einlädt und ihm zur Flucht verhilft.

Die Vernehmungen nach dem Stürmen ihrer Wohnung, die sie zunächst nahezu unberührt, ja „cool" hinnimmt, akzeptiert sie in einem Rahmen, der ihr Intimleben nicht berührt. Sie äußert zwar ihr Unverständnis für die Detailbesessenheit der Ermittlungsbehörde, aber bis auf wenige ihre Intimsphäre betreffende Ausnahmen wie die Aspekte des Herrenbesuchs erteilt sie bereitwillig Auskunft. Die entscheidenden Punkte, nämlich wie sie Götten zur Flucht verhalf und wo sich sein Aufenthaltsort befindet, gibt sie allerdings nicht preis, und verhält sich diesbezüglich wie eine Braut, die das Recht zur Aussageverweigerung besitzt, was die Polizeibehörde allerdings nicht anerkennt, sondern sie zur Räuberbraut abstempelt. Die Bedeutung, die sie dem Kennenlernen Ludwigs beimisst und die sie durch Öffnung ihrer Wohnung und ihres Körpers für ihn dokumentiert, wird von der Ermittlungsbehörde nicht erkannt (und will auch nicht erkannt werden).

Katharina sucht die Konfrontation mit dem ZEITUNGsreporter Tötges.

Am vermeintlichen Ende der Geschehnisse – Götten ist gefasst, ihre Vernehmungen sind beendet – sucht sie die Konfrontation mit dem ZEITUNGsreporter Tötges, dem Menschen, „der mein Leben zerstört hat"(S. 134).[7] Dabei geht sie wie auch sonst planvoll vor: Zunächst will sie ihn beobachten und besucht daher das Journalistenlokal, in dem sie ihn – allerdings vergeblich – vermutet. Dann fährt sie zu ihrer Wohnung, dem verabredeten Treffpunkt. Dort trifft Tötges schon nach wenigen Minuten ein. Katharina hatte sich jedoch vorbereitet: Sie entsicherte die Pistole und platzierte sie griffbereit in ihrer Handtasche. Ob sie die Pistole zum Zweck des Angriffs oder der möglichen Verteidigung lud, ist nicht klar. Tatsächlich wendet sie sie dann in einer Art Notwehrsituation an, nämlich nachdem Tötges ihr unmittelbar an die Wäsche will. Sie schießt mehrfach auf ihn, wie oft genau kann oder will sie nicht erinnern. Dieser Tötungsvorgang bleibt in ihrem sonst numerisch so genau arbeitenden Gehirn ungenau. Sie entflieht ihrer nun völlig entweihten Wohnung und sucht Ruhe und Unterschlupf im Karnevalstreiben, was ihr nicht gelingt. Schließlich sieht sie als unbescholtene und gesetzestreue Bürgerin keine Alternative, als sich der Polizei zu stellen. Sicher handelt sie auch in Erwartung der Haft, der gleichen Situation, in der sich ihr „geliebter Ludwig" befindet.

b) Charakter Katharinas aufgrund von Aussagen ihrer Freunde

Katharinas Freundschaften – im wesentlichen mit Else Woltersheim, Konrad Beiters und den Blornas – werden über berufliche Kanäle geknüpft bzw. gepflegt. Ihre „Tante" Else Woltersheim kennt sie zwar von klein auf, intensiver wurde der Kontakt vermutlich seit Besuch der Hauswirtschaftsschule in Kuir. Else Woltersheim beurteilt Katharina dann auch als beruflich „über jeden Zweifel erhaben" (S. 64) und als „organisatorisch, kalkulatorisch und auch was die ästhetische Seite be-

---

7 Wie Katharina auf die Darstellungen der ZEITUNG reagiert hat, siehe b)

treffe, aufs beste gebildet und ausgebildet" (S. 65). Sie kennt Katharinas Privatleben, ist von ihr informiert über die Herrenbesuche, aber die langen Autofahrten an den verregneten Wochenenden hat ihr Katharina verheimlicht. Else Woltersheim erkennt die Zerstörung, die die Vernehmungen und Darstellungen der ZEITUNG für Katharina mit sich brachten. Sie sieht ihr Desinteresse an ihrer doch für sie vorher so wichtigen Eigentumswohnung. Sie und Konrad Beiters sind Zeugen, als Katharina als Ausdruck ihrer Aggressivität zunächst ihre Wohnung demoliert. Es scheint, als wolle sie ihre saubere und gepflegte Rückzugsmöglichkeit – quasi als materialisiertes Inneres – beschmutzen, um das Gleichgewicht zwischen ihrer persönlichen Innen- und Außenwelt wieder herzustellen. Katharina fürchtet die anonymen Telefonanrufe, die Post. Sie sucht einerseits Schutz bei ihrer Tante, andererseits will sie auch wissen, was man ihr bzw. über sie schreibt. Else Woltersheim kennt auch die Hintergründe von Katharinas Geschichte und bewundert sie dafür, dass sie es geschafft hat, die unglückliche Kindheit und die misslungene Ehe hinter sich zu lassen. Trotz dieser Verhältnisse ist Katharina vom Tod der Mutter sichtlich getroffen. Derart hatte sie ihn sich nicht vorgestellt.

ruhig, kühl, planvoll, freundlich, hilfsbereit, klug, ordentlich

Ihre Arbeitgeber belegen Katharina mit den Attributen ruhig, kühl, planvoll, freundlich, hilfsbereit, klug, ordentlich. Also eine Idealbesetzung als Haushaltshilfe. Trude Blorna ordnet ihr noch „zwei lebensgefährliche Eigenschaften zu: Treue und Stolz" (S. 85). Blorna, dessen Männerherz durch Katharina erfreut ist, findet sie „einmalig nett, nicht leichtfertig und doch liebesfähig, ernst und doch jung und so hübsch" (S. 87). Mit Bestürzung sehen ihre Freunde die Veränderungen während der Tage seit Weiberfastnacht an ihr und versuchen ihr zu helfen. Außer bei Formalia wie dem Rechtsbeistand und der Treuhänderschaft durch Blorna lehnt sie diese Hilfe ab. Sie zeigt keine Reue und in Anerkennung der Rechtmäßigkeit ihrer Haft ist sie eine vorbildliche Gefangene, der

Vorbildliche Gefangene

ein gefürchteter Ruf der Korrektheit voraneilt. Katharina ist vor Prozessbeginn mit ihrer Umwelt versöhnt, arrangiert sich mit den Verhältnissen und kalkuliert auf deren Grundlage eine ferne Zukunft.

c) Charakter Katharinas aufgrund der Darstellungen der ZEITUNG

In der ZEITUNG wird Katharina völlig anders dargestellt. Aufgrund ihrer Beziehung zu Götten wird sie als Räuberliebchen, Geliebte und Mörderbraut bezichtigt. In einer

Räuberliebchen, Geliebte und Mörderbraut

Art von Sippenhaft und Erbkrankheit bemüht die ZEITUNG sich, ihr linksradikale Attribute zuzuschreiben: Der Gemmelsbroicher Pfarrer unterstellt, ihr Vater sei ein verkappter Kommunist. Ihr Ehemann meint, so müssten falsche Vorstellungen von Sozialismus ja enden. Er bezeichnet Katharina als radikal und kirchenfeindlich. Ihn, der der Gewerkschaft misstraut, verlässt sie. Frau Dr. Blornas Vergangenheit als „rote Trude" der Studentenzeit wird hervorgekramt. Die ZEITUNG mutmaßt, Katharinas Wohnung sei Konspirationszentrum, Bandentreff, Waffenumschlagplatz, Katharina selbst agiere im Auftrag einer Linksgruppe.

Informelle Details der Vernehmungen werden verdreht und veröffentlicht: Ihre Autofahrten sollen dem Ausfindigmachen geeigneter Orte dienen und Geheimnisvolles vorbereiten. Sie soll den Tod ihrer Mutter verursacht haben – eiskalt und berechnend. Ihre Arbeitgeber hat sie getäuscht, aufgrund ihrer nuttigen Art musste sie entlassen werden.

Die ZEITUNG bastelt ihr eigenes Bild von Katharina Blum:

Planvolle, skrupellos handelnde Person, die ihre Umwelt ausnutzt.

Eine planvolle, skrupellos handelnde Person, die ihre Umwelt ausnutzt, um linksradikale politische Ziele mit Waffengewalt und Sex durchzusetzen, dabei Regeln des menschlichen Miteinanders missachtend; jemand, der vor nichts zurückschreckt.

Jemand, der vor nichts zurückschreckt.

Für die wahre Katharina muss die Berichterstattung ein Schock gewesen sein: Gesellschaftlich angepasst, den Zielen der wachstumsorientierten sozialen Marktwirtschaft verpflichtet, gesetzestreu, scheu im menschlichen Umgang, prüde im Umgang mit Männern ist sie durch die diffamierende Schreibe der ZEITUNG in ihren Grundfesten erschüttert.

Dr. Hubert Blorna

Der Rechtsanwalt ist – zusammen mit seiner Frau – der Arbeitgeber Katharina Blums. Darüber hinaus ist er ihr jedoch freundschaftlich verbunden, mehr – er verehrt sie. Aus Dankbarkeit dafür, dass sie ihn und seine Frau von dem hauswirtschaftlichen Chaos, das die beiden Akademiker nicht in den Griff bekamen, errettet hat, behandeln sie Katharina mehr als Freundin denn als Hausangestellte. So hilft er ihr bei der Berechnung von Finanzierung, Amortisation und Verzinsung ihres Apartments und stellt ihr auch einen Privatkredit (S. 25) über DM 30 000,-. Sein Büro erledigt Katharinas Steuererklärung. Blornas und Katharina Blum unterstützen sich also gegenseitig darin, den Alltag zu meistern. So ist es dann auch selbstverständlich, dass sie ihren Urlaub abbrechen, auf den sich Blorna „so lange gefreut hat" (S. 34), um Katharina beizustehen. Blorna, der Katharina für eine „kluge und kühle Person" hält (S. 35) und „sehr, sehr an ihr hängt" (S. 38), wird durch dieses Beziehungsverhältnis in das Geschehen mit hineingezogen. Er, der – im Gegensatz zu seiner Frau – noch am Sonntagmorgen glaubt, jetzt sei alles vorbei (S. 117), will Katharina zunächst vom Tötges-Interview abbringen, was ihm aber nicht gelingt. Durch den ZEITUNGSartikel vom Sonntag ist er, dessen Verhältnis zu Katharina vor allem emotional bestimmt ist und mit Begriffen wie „Respekt, liebevolle Ehrfurcht und Unschuld" (vgl. S. 87) beschrieben wird, vom Geschehen selbst betroffen. Wie Katharina will er zunächst mit Gewalt reagieren – er ist dabei, einen Molotow-Cocktail zu bauen, wird dabei jedoch von seiner Frau gebremst, die stattdessen zu ihren Mitteln greift (vgl. u.). Später übernimmt er Katharinas Verteidigung und auf deren Bitten auch Ludwig Göttens. Als Vermögensverwalter kümmert er sich um Katharinas Wohnung. Dieses weitere Engagement für Katharina hat weit reichende Konsequenzen für ihn (und auch für seine Frau): Wie eine Folge von Sippenhaft entzieht ihm die Lüstra (Lüding und Sträubleder Investment) die lukrativen Aufträge. Die ZEITUNG lässt ihn und seine Frau nicht aus dem Visier. Er – „kein provinzieller, sondern durch und durch weltläufiger Mensch" (S. 118), „der das Leben, Reisen, Luxus liebt" – verändert sich infolgedessen stark: Er erleidet finanziell starke Einbußen, reagiert mit Magenschmerzen und vernachlässigt seine Körperpflege mehr und mehr. Der ehemalige „lebenslustige" Gastgeber von „beliebten Parties" ist wirtschaftlich auf Talfahrt, emotional in einer hoffnungslosen Liebe zu Katharina gefangen (S. 132). Für ihn ist das Geschehen besonders tragisch, da seine Lebenswirklichkeit sich stark verändert hat und psychisch kein Ausweg für ihn vorhanden ist.

> Psychisch kein Ausweg für ihn vorhanden

Trude Blorna

Die Ehefrau Blornas ist eine scharfsinnige Realistin.

Die Ehefrau Blornas ist eine scharfsinnige Realistin. Die Architektin verhalf Katharina zu einer Eigentumswohnung ihres Auftraggebers. Sie steht ihr freundschaftlich-vertraut gegenüber. So berechnet sie Katharinas Verpflegung nicht, steckt ihr sogar häufig Lebensmittel zu (S. 25). Sie erläutert ihrer Haushälterin auch, da Katharina so von den ausliegenden Bauzeichnungen fasziniert ist, wie das Versorgungssystem des Apartmentkomplexes funktioniert. Mit Hilfe dieser Kenntnisse kann Katharina später Ludwig Götten zur Flucht verhelfen. Trude Blorna erkennt als erste die Dimension des Geschehens: Sie „wittert großes Unheil" (S. 39) und artikuliert: „Es wird nie mehr so sein. Sie machen das Mädchen fertig." (S. 40). Sie, deren scharfe Zunge bekannt ist, bezeichnet die ZEITUNG als „Pest" (S. 83). Ihr Mann ist ihr als Kriminalanwalt lieber denn als Industrieanwalt (S. 84) – eine Aussage, bei der eine vermeintliche Bindung zur früheren „roten Trude", als die sie an einer TH bekannt war (S. 42), sichtbar wird. Sie erkennt die Zusammenhänge zwischen dem Herrenbesuch und dem Studienfreund ihres Mannes, Alois Sträubleder. Auch zieht sie aufgrund der Artikel in der ZEITUNG den Schluss, dass Sträubleder und Lüding im Hintergrund gegen sie und ihren Mann agieren, so dass sie bei Lüding anruft, und ihn beschimpft. Sie verwendet dazu jedoch keine Fäkalsprache wie die Vertreter von ZEITUNG und Polizei, sondern benutzt einen Vergleich aus dem Tierreich („Sie Schwein, Sie elendes Ferkel", S. 119). Die wortgewandte Frau wendet sich allerdings auch gegen Sträubleder, bei seinem Besuch am Sonnabend, und gegen seine Frau während der späteren Vernissage. Ihre realistische Art hilft ihr das Geschehen einzuschätzen und entsprechend

zu reagieren: So kümmert sie sich um ihren Mann (S. 124) und
– da ihr Arbeitgeber gegen sie prozessiert – sucht sie eine neue
Stellung, gegebenenfalls auch in niedrigerer Position und
schlechter dotiert als ihre bisherige Tätigkeit. Dennoch scheint
es für sie kaum neue Möglichkeiten zu geben, da sie dabei
stets mit der Gesellschaftsschicht zu tun hätte, mit der sie
sich überworfen hat.

Else Woltersheim

Else Woltersheim, die „Patentante, Freundin und Vertraute"
(S. 15) Katharina Blums, ist eine entfernte Kusine ihrer Mutter
(S. 28). Sie ist 1930 als uneheliches Kind einer Arbeiterin (S. 116)
in Kuir (S. 22) geboren. Ihre Mutter lebt aus freien Stücken in
der DDR, ihr Vater ist 1932 in die Sowjetunion emigriert und
dort verschollen (S. 116), er gilt als Opfer des Stalinismus
(S. 128). Sie ist also zum Zeitpunkt des Geschehens 44 Jahre alt
und gibt an, unverheiratet und als undiplomierte Wirtschafterin u. a. im Prüfungsausschuss der Handwerkskammer tätig
zu sein (S. 62). Sie unterstützt und hilft Katharina –
gegebenenfalls auch finanziell – u. a. als Ausbilderin an der
Hauswirtschaftsschule in Kuir, die Katharina als Schülerin
besuchte. Sie ist mit Konrad Beiters befreundet, ihre Beziehung festigt sich während des Geschehens (S. 112). Beiters
konnte „seinerseits etwas für ihre Mutter tun" (S. 133), er ist
ein alter Nazi, der zur Zeit des NS-Herrschaft politischer Lei-
ter in Kuir war. Durch ihn kommt Katharina in den Besitz der
Waffe. (S. 133)

Else Woltersheim tritt stets selbstbe-
wusst auf: So spricht sie Katharina di-
rekt auf die von ihr begangene Straf-
vereitelung an (S. 59). Der Polizei gegenüber beklagt sie die

> Else Woltersheim tritt stets
> selbstbewusst auf.

Weitergabe von Vernehmungsdetails an die Presse (S. 62) und sie verbittet sich die Belehrung durch einen jüngeren Herrn (S. 65). Dabei bleibt sie ruhig und behält Contenance, wodurch ihr Auftreten wirkungsvoller ist, als es bei einem stärkeren Zeigen von Emotionen der Fall wäre. Gerade an dieser Stelle bleibt der Charakter von Else Woltersheim jedoch blass: Sie ist nicht in der Lage, dem Hinweis auf die Pressefreiheit mit dem Recht auf Unversehrtheit der Person zu kontern. Stattdessen beharrt sie auf einer konservativen Position des „guten Benehmens". Den folgenden Widerspruch der Untersuchungsbehörde kann sie nicht erwidern. Hier wird der Rahmen deutlich, innerhalb dessen sie sich artikulieren und bewegen kann. Sie verhält sich der Untersuchungsbehörde gegenüber „feindselig" (S. 62) und lässt deren Vertreter durch ihren „anklagenden Redefluss" (S. 63) kaum zu Wort kommen. Dennoch ist sie aus den oben ausgeführten Gründen nicht in der Lage, Beizmennes Verschwörungstheorie zu entschärfen.

Sie fungiert als Vertraute und Fürsprecherin Katharinas: Sie selbst hält sich über Katharinas Leben bis ins letzte Detail für informiert (S. 63), weiß allerdings nichts über deren einsame Autofahrten (ebd.). Auch sieht sie Katharina – die sie seit ihrer Geburt kennt – beim Tod ihrer Mutter zum ersten Mal weinen (S. 107). Sie erkennt und formuliert, dass „ein junges Leben zerstört" (S. 62) wird und benennt die einzelnen Symptome für die psychischen Folgen des Geschehens für Katharina. Sie steht Katharina in diesen Tagen bei, indem sie sie zur Vernehmung am Freitag und ins Krankenhaus nach Kuir begleitet, ihr nachts ein Bett bietet und sie abzulenken und zu trösten versucht. Sie erreicht es jedoch nicht, Katharina effektiv vor der Gesellschaft zu schützen: Katharina entdeckt die anonyme Post, obwohl Else Woltersheim sie ihr entreißen will

Sie fungiert als Vertraute und Fürsprecherin Katharinas.

(S. 77). Sie scheitert auch daran, Katharina von ihrer Post zu lösen und abzulenken (S. 80). Auch schafft sie es nicht wie geplant, Katharina vor der Samstagsausgabe der ZEITUNG zu bewahren (S. 82). Bei der SONNTAGSZEITUNG versucht sie es gar nicht mehr (S. 112).

Im Nachhinein führt das Geschehen bei ihr zur „Verbitterung" (S. 128). Sie macht die oberen Zehntausend indirekt dafür verantwortlich, dass sie als Steuerzahlerin so wenig Einfluss auf das tatsächliche Geschehen nehmen kann. Dieser sozialromantische Zug führt bei ihr zu Gewaltgedanken gegenüber den Partygesellschaften, die sie engagieren. Selbst der vermeintlich gesellschaftskonforme (S. 133) Konrad Beiters kann ihre Wut nicht mildern.

2.5 Sachliche und sprachliche Erläuterungen

Textbeleg	Erklärung
S. 8	*Konduktion:* „Leitung, Verbindung"
	Dränage: „Entwässerung des Bodens durch Grabensystem"
S. 12	*Brumme:* „Braut, Freundin"
	Sakrileg: „ungebührliche Handlung"
S. 14	*Amortisation:* „Tilgung einer Schuld"
	Aktiva: „Vermögenswerte"
	Passiva: „Schulden, Verbindlichkeiten"
	Asservatenkammer: „Im Gericht vorhandener Raum, in dem Beweismittel aufbewahrt werden"
S. 19	*Sexklemmer:* „verklemmter, prüder Typ"
S. 21	*Saturnalien:* „ausgelassenes Fest"
S. 23	*Trommlerkorps:* „Schlagzeuggruppe im Karneval oder bei Schützenfesten"
S. 25	*Traiteur:* „Stadtkoch, Partyservice"
S. 37	*Sakristei:* „Nebenraum in der Kirche für den Geistlichen"
S. 41	*tritschen:* ugs. „abhauen", „flöten gehen"
S. 42	*Altphilologe:* „Sprach- und Literaturwissenschaftler für alte Sprachen"
S. 64	*Buffetismus:* „Zunahme von Parties, auf denen Buffets angeboten werden"
S. 74	*Quartiermacherin:* „eine Person, die Unterkünfte zur Verfügung stellt"
S. 81	*Burnus:* „Kapuzenmantel der Beduinen"
S. 83	*ambulieren:* „spazierengehen"
S. 99	*Palatschinken:* „Pfann-, Eierkuchen"

S. 100	*Serenade:* „Abendmusik"
	Arie: „Sologesangsstück einer Oper"
S 106	*Marxistin:* „Anhängerin der sozialistischen Lehre von Marx und Engels"
	Strukturproblem: „grundlegendes gesellschaftliches Problem"
S. 115	*Annalen:* „Jahrbücher"
S. 118	*Molotow-Cocktail:* „mit Benzin gefüllte Flasche, als Handgranate zu verwenden"
S. 122	*Substruktur:* „Unterbau, Grundlage"
S. 124	*Bonvivant:* „Lebemann"
S. 128	*Stalinismus:* hier: „Stalins Herrschaftszeit in der Sowjetunion (1927 - 1953)"
	Seeger: ugs. „Pinkler, Seiher"
	Petit-Fours: „kleine mundgerechte Törtchen"
S. 135	*Kledage:* ugs. „Kleidung"

2. 6 Stil und Sprache

a) Die Sprache des Erzählers

Der fiktive Erzähler wirkt als neutraler Berichterstatter.

Der fiktive Erzähler wirkt zunächst als neutraler Berichterstatter. Im ersten Kapitel benennt er selbst den vorliegenden Text als Bericht und erweckt durch das Aufzählen der (ebenfalls fiktiven) Quellen den Anschein einer wissenschaftlichen oder doch zumindest inhaltlich nachprüfbaren Niederschrift. Er gibt vor, objektiv zu berichten, z. B.:

> „ ,Auch mit diesem Herrn dort' – sie zeigte auf Hach, der tatsächlich errötete, ,habe ich gelegentlich getanzt.' Die Frage, ob auch Hach zudringlich geworden sei, wurde nicht gestellt. " (S. 29)

Der Wortlaut Katharinas mag dem Protokoll entnommen sein, eventuell auch noch ihr Zeigen auf Hach, obwohl dieses schon weit hergeholt erscheint. Das Erröten des Staatsanwalts Hach ist jedoch sicherlich nicht im Protokoll vermerkt. Die Bemerkung über die nicht gestellte Frage hat nichts mehr mit objektiver Berichterstattung zu tun, es handelt sich statt dessen um einen subjektiven Kommentar, der – um nicht gleich erkannt zu werden – in passiver Form im Stil deutscher Behördensprache artikuliert ist.

Der Erzähler versucht sich im Hintergrund zu halten, an einigen Stellen tritt er jedoch deutlicher hervor, z. B.:

> „Es passiert zuviel im Vordergrund, und wir wissen nichts von dem, was im Hintergrund passiert. Könnte man sich die Tonbänder mal vorspielen lassen!" (S. 100)

An dieser Stelle tritt der Erzähler mit den Personalpronomina „wir" und „man" auf, bleibt jedoch unerkannt. Er reflektiert über seinen Bericht, also über seine eigene Tätigkeit, und erweckt den Anschein, als könne er als Außenstehender nicht aktiv in das Geschehen eingreifen.

So entsteht beim Leser die Vorstellung, dass es sich um tatsächlich Geschehenes handelt, das der Erzähler neutral zu berichten versucht. Der subjektive Anteil des Erzählers wird jedoch insbesondere auch in den ironischen Kapiteln, so z. B. im fünften Kapitel zur Wirtschaftlichkeit des Karnevals aus der Sicht des Karnevalsfunktionärs und im 41. Kapitel in der Reflexion zur Telefonüberwachung deutlich.

b) Die Sprache der ZEITUNG

Boll erweckt den Anschein, als übernähme der Berichterstatter-Erzähler die ZEITUNGsartikel als direkte Zita-

> Sprache im Stil der Boulevardpresse

te. Demnach wird dort Sprache im Stil der Boulevardpresse, ähnlich dem der *Bild*-Zeitung, mit entsprechenden sprachlichen Mitteln benutzt.

Sprachliches Mittel	Erklärung	Textbeleg
Verwendung von Schlagwörtern	direkte Diffamierung Katharinas	„Räuberliebchen", „Mörderbraut" (S. 36)
Spekulation im Konjunktiv	Aufstellen von Behauptungen, Verwendung von Unbewiesenem	„Der Bandit ... hätte verhaftet werden können, hätte nicht ... Die Polizei vermutet, ..." (S. 36)
Bezeichnung einer Frau durch bestimmten Artikel	Herabsetzung	„die Blum" (S. 36)
Rhetorische Fragen	Aufstellen von Behauptungen	u. a. „War ihre Wohnung ein Konspirationstreff, ...?" (S. 37), „Wie kam die Hausangestellte...?"
Metapher	Vergleich mit Fußballsport	„DIE ZEITUNG BLEIBT WIE IMMER AM BALL!"
Lüge	Zuweisung der Todesursache der Mutter an Katharina statt Zugabe der eigenen Schuld	„Als erstes nachweisliches Opfer ... kann man jetzt die Mutter bezeichnen" (S. 113)

Sprachliches Mittel	Erklärung	Textbeleg
Wiederholung	Ins Gedächtnis rufen bekannter Fakten	„Immer noch ungeklärt: ihr rascher Aufstieg und ihre hohen Einkünfte" (S. 113)
Scheinbehauptung	Anschein von Objektivität erwecken	„Es liegen ... Informationen vor, die fast schlüssig beweisen ..." (S. 114)

Für die verwendeten sprachlichen Mittel lassen sich mitunter noch weitere Textbelege finden. Es wird deutlich, dass der Berichterstattungsstil der ZEITUNG subjektiv ist.

c) Die Bedeutung der Namen in der Erzählung

Die Personennamen sind bewusst gewählt und ergänzen die Charaktermerkmale der Personen.

Name	Bedeutung
Katharina Blum	gr. „katharos": rein, sauber
	mhd. „bluome": bildl. das schönste, beste seiner Art, Jungfrauschaft
Gertrud Blorna	ahd. „ger": Speer + ahd. „trud": Kraft, Stärke
	lat. „flor": Blume vgl. Katharina Blum
Hubert Blorna	ahd. „hugu": Gedanke, Geist + ahd.

	„berath": glänzend
	lat. „flor": Blume vgl. Katharina Blum
Götten	Assoziation zu „Gott": „er war es eben, der da kommen sollte" (S. 59)
Tötges	Assoziation zu „Tod": der „Todesherbeiführer" (S. 102)
Beizmenne	mhd. „beizen": mürbe machen
	menne: Mann
Brettloh	Assoziation: steif wie ein Brett, roh
Sträubleder	Assoziation: zäh wie Leder, sich sträubend
Else Woltersheim	-heim: Assoziation zu Zuhause, Heimat

Die Ortsnamen Gemmelsbroich, Oftersbroich, Kuir sind frei erfunden, erinnern aber in ihrer Namensgebung durch die Endung -broich (= Bruch, sumpfiges Gelände) bzw. die Vokalkombination „ui" an linksrheinische Ortsnamen in der Nähe von Köln.

Eine schöne Anspielung stellt der Name des Journalistenlokals „Zur Goldente" dar, in dem Katharina auf Tötges wartet. Eine „Ente" ist gemeinhin eine falsche Zeitungsmeldung, eine „Goldente" liegt dann vor, wenn man mit falschen Berichten Gold bzw. Geld macht, wie eben die hier angegriffene ZEITUNG.

2.7 Interpretationsansätze

Offensichtlich handelt es sich bei der vorliegenden Erzählung *Die verlorene Ehre der Katharina Blum* um eine Kritik an der Boulevardpresse. Schon im Motto weist Böll auf die „unvermeidlichen Ähnlichkeiten" (S. 5) mit der *Bild*-Zeitung hin.

Kritik an der Boulevardpresse

Die Gemeinsamkeiten der ZEITUNG aus der Erzählung und der *Bild*-Zeitung[8] stechen ins Auge: Riesenfotos, Riesenlettern, rote Anstreichungen, um Prädikate und Artikel verkürzte Sätze, Verwendung von Umgangssprache, aber auch von hohem sprachlichen Niveau („....nur ein bescheidenes Glück, wie es ein redlicher Arbeitsmann zu bieten hat ... „, S. 41), direkte Ansprache des Lesers („.... stets bemüht, Sie umfassend zu informieren ...", S. 40) auf sprachlich-syntaktischer Ebene, Verdächtigungen, Unterstellungen, Übertreibungen bis hin zur Lüge auf inhaltlicher Ebene.

Die ZEITUNG nimmt dabei in ihrer Berichterstattung politische Wertungen auf: Katharina Blum wird politisch gesehen links eingeordnet. Ihr Vater war „ein verkappter Kommunist" (S. 36). Ihr geschiedener Ehemann klagt an: „ So müssen falsche Vorstellungen vom Sozialismus ja enden" (S. 41). Blorna wird zunächst durch die Worte „ der sich gelegentlich als ,links' bezeichnet" charakterisiert, später offen als „roter Anwalt" (S. 122) tituliert. Seine Frau wird „rote Trude" genannt. Katharina selbst wird als eine „in jeder Hinsicht radikale Person" etikettiert, mit Begriffen wie Konspirationszentrum, Bandentreff, Waffenumschlagplatz in Verbindung gebracht, bis schließlich vermutet wird: „Offenbar sollte die Blum im Auf-

---

8 Sie treffen jedoch nicht nur auf den bundesweiten Marktführer, sondern auch auf die anderen Erzeugnisse des Sensationsjournalismus zu.

trag einer Linksgruppe die Karriere von S. zerstören." (S. 114). Die Zeitung stellt hier einen kausalen Zusammenhang von vom Rechtsstaat noch nicht rechtskräftig verurteilten Verdächtigten[9] und dem Terrorismus her.

Böll verarbeitet hier Anlass und Erfahrung aus der um seinen Spiegelartikel *Will Ulrike Meinhof Gnade oder freies Geleit?* entfachten Debatte. Er spiegelt die Stimmung im Deutschland der siebziger Jahre wider,

> Böll spiegelt die Stimmung im Deutschland der siebziger Jahre wider.

die innenpolitisch von der Verfolgung linksradikaler Terroristen beherrscht war (vgl. 1.2).

Die ZEITUNG greift in ihrer Darstellung auch auf „Artikulationshilfen" zurück, die der findige Reporter Tötges „einfachen Menschen" (S. 103) angedeihen lässt, zu denen im Zweifelsfall jedoch nicht nur die Putzfrau Maria Blum gehört (Aus deren „Warum musste das so enden, warum musste das so kommen?" wurde „So musste es ja kommen, so musste es ja enden", S. 103), sondern auch der Rechtsanwalt Dr. Blorna oder der Oberstudiendirektor Hiepertz. So sagte ersterer „Katharina ist eine sehr kluge und kühle Person", um dann in der ZEITUNG zu lesen, Katharina sei „eiskalt und berechnend". Aus Hiepertz' Äußerung „Wenn Katharina radikal ist, dann ist sie radikal hilfsbereit, planvoll und intelligent – ich müsste mich schon sehr in ihr getäuscht haben, und ich habe eine vierzigjährige Erfahrung als Pädagoge hinter mir und habe mich selten getäuscht" wird im ZEITUNGsjargon „Eine in jeder Beziehung radikale Person, die uns geschickt getäuscht hat" (S. 42). Die ZEITUNG richtet, wo sie kann: Der Gemmelsbroicher Pfarrer, der aus Barmherzigkeit Katharinas Mutter

---

9   So schreibt die ZEITUNG: „Der seit eineinhalb Jahren gesuchte Bandit und Mörder Ludwig Götten", verurteilt also einen Menschen und stempelt ihn vor jedem juristischen Urteil zum Mörder – obwohl er keiner ist.

beschäftigt haben will, traut Töchtern von „verkappten Kommunisten"(S. 36) alles zu. Ein redlicher Arbeiter fürchtet Kirchenfeindlichkeit und misstraut der Gewerkschaft. Notfalls gibt die ZEITUNG vor, Kenntnisse zu besitzen, die es nicht gibt, um ihre Theorien mit angeblichen Informationen zu stützen: „Es liegen inzwischen der ZEITUNG Informationen vor, die fast schlüssig beweisen: nicht sie erhielt Herrenbesuch, sondern sie stattete unaufgefordert Damenbesuch ab, um die Villa auszubaldowern" (S. 114). Tatsachen werden verdreht und verfälscht, damit die ZEITUNG – analog zu ihrem real existierenden Vorbild – sich als Ware Tag für Tag am Kiosk interessant darstellt und verkauft wird. Die Zeitung besitzt dabei – wie ihre Vorlage BILD – in einigen gesellschaftlichen Kreisen Monopolstellung, so stellt Katharina Blum fest: „Wer liest das schon? Alle Leute, die ich kenne, lesen die ZEITUNG!" (S. 61). Die ZEITUNG prangert Katharina an, unter Vorgabe einer angeblichen Informations- und Schutzpflicht ihren Lesern gegenüber, und übt dadurch massiven psychischen Druck auf ihr Opfer aus.

Wahrheit als moralische Qualität in einer Erzählung lässt sich auf verschiedenen Ebenen erzielen: Sie kann zum einen sinnlich wahrgenommen werden („ich empfinde etwas als wahr"), zum anderen phantastisch produziert werden (aufgrund von allgemeinen logischen Gesetzen folgt eine erzählte Tatsache einer anderen). In *Die verlorene Ehre der Katharina Blum* finden beide Ebenen Anwendung: So empfindet der (vermeintliche) ZEITUNGsleser die sinnlich erfahrene Wahrheit der ZEITUNGsartikel. Er nimmt die dortige Berichterstattung als bare Münze und reagiert auf seine Weise: schweigend, mit anonymen oder namentlichen Briefen, mit anonymen Anrufen. Davon abgehoben ist die Ebene der phantastisch produzierten Wahr-

heit, die vom Erzähler, dem sogenannten Berichterstatter her-
gestellt wird. Es scheint, als bediene er sich der Recherche,
also einem klassischen Instrument des Journalismus, denn er
untersucht die „Tatsachen" exakt und genau und vergewissert
sich auch kleiner Details bis hin zu unwichtigen Aspekten
(„Man hörte noch ein wenig Radio miteinander, aß ein wenig
Gebäck ...", S. 112). So muss der Leser
der Erzählung erkennen, dass der Berichterstatter in deutlichem Kontrast zu
den Arbeitsmethoden der ZEITUNG
handelt. Böll vermittelt seinen Lesern

> Böll vermittelt seinen Lesern die Kompetenz, den Wirkungsmechanismus der Boulevardpresse zu durchschauen.

dadurch die Kompetenz, den Wirkungsmechanismus der Boulevardpresse zu durchschauen und zu hinterfragen.

Katharinas Schicksal ist jedoch nicht nur von der Sensationspresse sondern auch von anderen Machthabern abhängig. Nach
Max Weber ist Macht „die Chance, innerhalb einer sozialen
Beziehung den eigenen Willen auch gegen Widerstreben durchzusetzen, gleichviel, worauf diese Chance beruht."[10] Katharina Blum und die Ihren bewegen sich dabei in einem Span-
nungsfeld zwischen staatlicher Macht, vertreten durch Polizei
und Staatsanwaltschaft; wirtschaftlicher Macht, vertreten durch
Lüding und Sträubleder; der Macht der öffentlichen Meinung,
vertreten durch die Hausbewohner, die Briefeschreiber und
die anonymen Anrufer; die Macht der Presse, vertreten durch
die ZEITUNG.

Als Nebenthema klingt die (tatsächlich stattgefunden bzw.
stattfindende?) Verflechtung zwischen polizeilicher Ermittlungs-
arbeit und Journalistenrecherche der Sensationspresse an. So
findet der Leser der Erzählung Phrasen und Zusammenhänge
aus den polizeilichen Vernehmungen in ZEITUNGsartikeln

---

10 Ritter, Joachim; Gründer, Karlfried (Hrsg.): *Historisches Wörterbuch der Philosophie,* Bd. 5: Darm-
stadt 1989, Spalte 611

wieder. Wenn man auch erfährt, dass die polizeiliche Arbeit von Erkenntnissen der ZEITUNGsreporter profitiert hat, so bleibt doch unklar, wie Material aus dem Polizeipräsidium zur ZEITUNG gelangen konnte.

Letztendlich missachten alle vier genannten gesellschaftlichen Mächte Katharinas Menschenwürde und ihr Recht auf Schutz der Person, vordergründig durch die Tätigkeiten von Presse und Justiz, geduldet und unterstützt durch die wirtschaftlichen Mächte und die öffentliche Meinung. Die Schüsse auf Tötges, als Verkörperung der unverantwortlichen Machtanmaßung der Boulevardpresse, sind somit die logische Konsequenz der Gewalt, die Katharina Blum erfahren musste.

Böll warnt also in seiner Erzählung – nicht nur mit den Schüssen auf Tötges – vor einer Strafverfolgung der staatlichen Behörden in Kooperation mit anderen gesellschaftlichen Relevanzen. In Anbetracht der Terroristenfahndung in den siebziger Jahren

> Böll warnt vor einer Strafverfolgung der staatlichen Behörden in Kooperation mit anderen gesellschaftlichen Relevanzen.

ist dies eine sicher moralisch begründete, jedoch den Zeitgenossen oppositionell aufstoßende Meinung, die dann auch entsprechend aufgenommen wurde (vgl. 4.).

Katharinas Schüsse auf Tötges sind jedoch keine Machtausübung. Sie als Einzelperson bleibt ohnmächtig angesichts der Machtverhältnisse, die in der sie umgebenden Gesellschaft herrschen, die durch ihre Tat völlig unberührt bleibt. Die Schüsse sind lediglich eine Antwort auf die Gewalt, die sie erfahren hat, im Sinne des Untertitels „Wie Gewalt entstehen und wohin sie führen kann". Dabei sieht Böll die Entstehung der Gewalt im Verantwortungsbereich der Presse und zeigt die Folgen einer derartigen Gewaltausübung auf. Das heißt, die augenscheinlich in den Vordergrund gerückte Gewalttat Katharinas ist – wie im Laufe der Erzählung deutlich wird – die

Gewalt durch Worte, Gewalt durch Sprache

logische Folge einer zunächst in der Kulisse wirkenden Gewalt. Die Gewalt, die hier dargestellt wird, ist nicht die Gewalt einer Waffe, sondern Gewalt durch Worte, Gewalt durch Sprache.

Gewalttätig ist die Sprache der ZEITUNG: Sie verübt Rufmord, verfälscht durch „Artikulationshilfen", prangert an, lügt. Auch die Konflikte Katharinas mit der Polizei sind sprachlicher Natur. Empfindet Katharina eine Berührung als zudringlich, so bezeichnet die Polizei diese Vorgänge als Zärtlichkeiten. Katharina differenziert im Gegensatz zur Polizeibehörde die Begriffe Güte, Nettigkeit und Gutmütigkeit. Das unterschiedliche Verständnis des Begriffes „bumsen" löst schließlich die konkrete Gewalt – die Schüsse auf den Reporter – aus: „‚Was guckst du mich denn so entgeistert an, mein Blümelein – ich schlage vor, daß wir jetzt erst mal bumsen.' Nun, inzwischen war ich bei meiner Handtasche, und er ging mir an die Kledage, und ich dachte: ‚Bumsen, meinetwegen', und ich hab' die Pistole rausgenommen und sofort auf ihn geschossen." (S. 135)

Dem Verlust der persönlichen Ehre Katharinas entspricht der Verlust an Sprache für die Gesellschaft. Der zunehmend vulgären Sprache – verkörpert durch die vorherrschenden Machtinstanzen – wie „ficken, bumsen, Sexklemmer" stehen die veraltet wirkenden tradierten Worte wie „Ehre, Güte, innig, Zärtlichkeit" gegenüber. Katharinas Widerstand gegen die Gesellschaft ist zunächst einmal sprachlicher Natur.

Jedoch handeln nicht nur die ZEITUNG und die vordergründig agierenden Personen sprachlich. Auch der vermeintlich objektive Erzähler handelt wie unter 2.6 ausgeführt sprachlich. Um die aufklärerische Absicht des Werkes zu unterstreichen, benutzt er neben seiner didaktisch-entwickelnden Berichterstattersprache Satiren wie z. B. das Kapitel über die Telefonüberwachung oder das Kapitel über die Wirtschaftlichkeit des Karnevals. Böll stellt durch die Sprechweisen, d. h. den Gebrauch von Sprache durch die handelnden Personen wie z. B. der Justizbehörde oder den Pfarrer von Gemmelsbroich („unser rötliches Kathrinchen", „Verkappter Kommunist") dar, wie gedankliche Strukturen sich in der Sprache widerspiegeln. Durch das Aufzeigen der Entstehung und der Wirkung des Sprachgebrauchs dokumentiert er das System der Bundesrepublik Deutschland der siebziger Jahre und wirkt so als Chronist seiner Zeit.

Chronist seiner Zeit

3. Themen und Aufgaben

1) Thema: **Textverständnis herstellen**	**Gesamter Text**
▶ Streichen Sie Textstellen an, die Ihnen als nicht akzeptabel erscheinen. Kommentieren Sie Ihre Auswahl.	Lösungshilfen s. 2.2
▶ Führen Sie ein Leseprotokoll. Legen Sie dazu eine Tabelle mit folgenden Spalten an: Kapitel; Seiten; Personen; Zeit; Handlung	

2) Thema: **Textverständnis herstellen**	**Teilaspekte des Textes**
▶ Stellen Sie sich vor, Sie wären Katharina Blum. Schildern Sie eine der folgenden Situationen aus Ihrer Sicht:	
- Kennenlernen Ludwigs bei der Hausparty	Kap. 9, 11, 12, 26, 44
- Stürmung der Wohnung bis zur Abführung	11 bis 14
- Die Pause zwischen den Vernehmungen am Donnerstag	16
- Das Ende der Vernehmung am Donnerstag	19
- Die Vernehmung am Freitag zu den Autokosten	24
- Der Anruf Göttens in der Donnerstagnacht	25, 26

- Demolierung der Wohnung	35
- Bei der Lektüre der SONNTAGSZEI-TUNG	47

▶ Versetzen Sie sich in Kriminaloberkommissar Beizmenne. Schildern Sie eine der folgenden Situationen aus seiner Sicht. Berücksichtigen Sie dabei seine Gedanken und versuchen Sie, sie in einem inneren Monolog darzustellen:

- Stürmung der Wohnung bis zum Abführen	Kap. 11 bis 14 15 bis 19
- Vernehmung am Donnerstag	24, 25, 27
- Vernehmung am Freitag	9, 25, 26, 40, 44

▶ Stellen Sie sich vor, Sie wären Ludwig Götten. Wie erleben Sie den Mittwoch, insbesondere das Kennenlernen von Katharina? Wie verbringen Sie die Zeit bis zu Ihrer Verhaftung? Was empfinden Sie, woran denken Sie? Kap. 11

▶ Stellen Sie die Stürmung der Wohnung als Standbild dar. Die Schüler, die nicht am Bau des Standbildes beteiligt sind, beschreiben und kommentieren es. Kap. 14, vor allem auch Kap. 15

▶ Stellen Sie ebenso das Abführen Katharinas und die Vernehmung dar. Kap. 42, 43, 52, 58

▶ Beschreiben Sie einen typischen Tagesablauf aus Tötges' Leben. Versuchen Sie sich vorzustellen, wie er aussieht, womit er sich beschäftigt, was ihm wichtig ist. Kap. 50 bis 54, 56, 57

▶ Schreiben Sie einen inneren Monolog aus Hubert Blornas Sicht nach Katharinas Tat. Berücksichtigen Sie dabei mögliche Gefühle wie Rache sowie seine Verliebtheit in sie.

Lösungshilfen: siehe 2. 4

3) Thema: **Die Personen in der Erzählung und die ZEITUNG**

a) Katharina

▶ Was ist der Grund für Katharina Blums Verhaftung und den damit verbundenen Aufwand? Fertigen Sie eine Pressenotiz an, die die Polizeibehörden den lokalen Medien am Donnerstagmittag übergibt.

Kap. 13, 26

▶ Wie lebt Katharina Blum heute? Welchem Beruf geht sie nach? Welche Zeitung liest sie? Beschreiben Sie einen Tag aus ihrem heutigen Leben.

gesamter Text, beachten Sie insb. Kap. 53

▶ Angenommen, Sie wären Psychologin im Untersuchungsgefängnis, in dem Katharina Blum zunächst inhaftiert ist. Schreiben Sie ein psychologisches Gutachten über sie und ihre Tat.

gesamter Text

Lösungshilfen: siehe 2.4 und 2.7

b) Frau Woltersheim

▶ Konrad Beiters erläutert einem Freund im Gespräch, was ihm an Else Woltersheim so gefällt. (Vielleicht auch, was ihm weniger gefällt.) Schreiben Sie das Gespräch nieder.

Kap. 15, 26, 28, 34, 37, 44 bis 46, 55 Lösungshilfe siehe 2.4

c) Trude Blorna
▶ Trude Blorna spricht nach dem Geschehen am Telefon mit einer lange nicht gehörten, nichtsdestoweniger aber engen Freundin. Wie sieht Trude das Geschehen im Rückblick? Wie hat sich die Beziehung zu ihrem Mann entwickelt?

Kap. 21 bis 23, 26, 38 bis 40, 44 bis 45, 49 bis 52, 54, 56 bis 57
Lösungshilfe 2.4

d) Blorna
▶ Rechtsanwalt Blorna wird sich seiner juristischen Qualitäten bewusst und entwirft Gegendarstellungen, die die ZEITUNG drucken muss. Schreiben Sie diese zu den drei ZEITUNGsartikeln.

Kap. 22, 23, 47

Lösungshilfe siehe 2.6

g) Die ZEITUNG
▶ Bearbeiten Sie die drei ZEITUNGsartikel mit Hilfe eines Textverarbeitungsprogramms. Versuchen Sie durch Berücksichtigung des typischen *Bild*-Zeitungs-Layouts die „ursprünglichen" Artikel zu rekonstruieren.
▶ Untersuchen Sie, inwiefern die Artikel den Pressekodex des deutschen Presserates verletzen (siehe http::// www.kritisch-masse-online.de/aktuelle/ kodex.htm)
▶ Lesen Sie das Gedicht *Anweisung für Zeitungsleser* von Horst Bienek (siehe 5. Material). Welche Aspekte der Zeitungsartikel finden in Bieneks Gedicht

Kap. 22, 23, 47

Lösungshilfe siehe 2.6 und 2.7

Anwendung? Belegen Sie diese mit Beispielen. Deuten Sie anschließend die
Verse 39 bis 42.

Lösungshilfen
siehe 2.6 und
2.7

4) Thema: **Gewalt und Macht**

▶ Erstellen sie einen Cluster zum Begriff
Gewalt. Versuchen Sie im Anschluss
daran eine Begriffsdefinition zu finden.
Welche Aspekte von Gewalt finden in
der Erzählung Anwendung? Untersuchen
Sie das Auftreten, die Art und die Wirkung der Gewalt. Berücksichtigen Sie
in Ihrem abschließenden Urteil den
Untertitel.

▶ Der norwegische Friedensforscher Johan
Galtung sieht Gewalt dann als gegeben
an, „wenn Menschen so beeinflusst werden, dass ihre aktuelle somatische und
geistige Verwirklichung geringer ist als
ihre potenzielle Verwirklichung".[11] Wei-
sen Sie nach, wann und wo Katharina
Blum in ihrem Leben nach dieser Defi-
nition Gewalt angetan wurde.

Berücksichti-
gen Sie
insbesondere
Kap. 15

Lösungshilfen
siehe 2.4 und
2.7

5) Thema: **Massenmedien**

▶ Untersuchen Sie anhand des Artikels
Unser täglich Rot (siehe 5. Material), wie

Kap. 14, 22,
23, 47, 6, 21,

---

11 Galtung, Johan: *Gewalt, Frieden und Friedensforschung.* In: ders.: Strukturelle Gewalt. Beiträge zu
Friedens- und Konfliktforschung, Reinbek 1975, S. 9

die *Bild*zeitung arbeitet. Welche Wirkung erzielt sie? Vergleichen Sie mit dem Vorgehen und der Wirkung der ZEITUNG in der Erzählung.

27, 33, 48, 42, 43, 51, 52
Lösungshilfen siehe 2.7 und 2.6

▶ Untersuchen Sie die ZEITUNGsartikel in Bezug auf Inhalt und Form. Berücksichtigen Sie dabei insbesondere die Verwendung sprachlicher Mittel.

Kap 22, 23, 47

▶ „Audacter calumniare, semper aliquid haeret." (Verleumde nur dreist, etwas bleibt immer hängen, Plutarch). [12] Untersuchen Sie, inwieweit Plutarchs Aussage für die Erzählung zutrifft. Berücksichtigen Sie insbesondere bei Ihrer Betrachtung auch das Ehepaar Blorna.

Lösungshilfe siehe 2.6 insbesondere Kap. 50 bis 54, 56 bis 57

▶ Erarbeiten Sie, inwieweit die ZEITUNG in der Erzählung allein arbeitet bzw. mit anderen kooperiert. Vergleichen Sie anschließend mit der aktuellen Situation der *Bild*zeitung, die Sie dem Artikel *Junge Männer, alte Barrikaden* (siehe 5. Material) entnehmen können.

Lösungshilfe siehe 2.4 insbesondere Kap. 48

6) Thema: **Literaturwissenschaftliche Kategorien**
▶ Gero von Wilpert definiert wie folgt: *Kriminalroman, -novelle (v. lat. crimen =*

---

12 Antikes Sprichwort. Nach: *Wörterbuch der Antike*. Stuttgart: Kröner 1976. [Kröners Taschenbuchausgabe 96]

Verbrechen), behandelt ein Verbrechen im Hinblick auf psychologischen Anstoß, Ausführung, Entdeckung und Aburteilung eines Verbrechens. Neben den wegen ihrer willkürlich-zufälligen und auf Überraschungseffekte berechneten Tatsachenverknüpfung dichterisch wertlosen und nur durch stoffliche Spannung die Abenteuerlust befriedigenden Werken der Trivialliteratur steht eine Reihe künstlerisch bedeutsamer K.e großer Dichter, denen das rein Stoffliche willkommener Anlass zu e. Einblick in die Seele des zum Verbrechen getriebenen Menschen und die soziale Bedingtheit seines Handelns bot. (...) Die Aufklärung zeigt psychologisches Interesse am Verbrecher ohne heroische oder tragische Verklärung seiner Tat als Grundlage e. Besserung. (...) Seit rund 1840 verlagert sich das Interesse vom Täter auf das tatsächlich begangene Verbrechen (...), ansonsten überwiegt zur Gegenwart hin der Detektivroman, als Grenzfall zur Triviallit. der Agentenroman. (Wilpert, S. 432)
Erörtern Sie, ob *Die verlorene Ehre der Katharina Blum* eine Kriminalgeschichte ist.

► Erarbeiten Sie Kriterien einer Novelle anhand des Textes *Novellen als poetologisches Problem* (s. 5. Material). Erörtern Sie anschließend, ob man die vorliegende Erzählung als Novelle bezeichnen kann.

▶ Untersuchen Sie die angegebenen Text- Kap. 2, 3, 7,
stellen auf die benutzte Erzählhaltung. 18, 36, 41
Ist sie objektiv oder subjektiv? Welche
Wirkung wird durch die Benutzung ver-
schiedener Erzählhaltungen erzielt?

7) Thema: **Rezeption**

▶ Arbeiten Sie die Unterschiede zwischen
Buch und Verfilmung heraus. Welche
Aspekte hebt der Film stärker hervor,
welche vernachlässigt er? Berücksichtigen Sie bei Ihrer Untersuchung auch die
darstellerischen Möglichkeiten des
Films (Kameraführung, Licht, Musik, ...)

4. Rezeptionsgeschichte

Eine Woche nach Beginn des Vorabdrucks im *Spiegel* erscheint

Erstauflage von 100 000 Stück

die Buchausgabe mit einer Erstauflage von 100 000 Stück. Die hohe Start-
auflage erklärt sich wie folgt: *Die verlorene Ehre der Katharina Blum* ist das erste erzählende Werk Bölls nach Verleihung des Literaturnobelpreises 1972. Außerdem wurde die Diskussion um den Artikel *Will Ulrike Meinhof Gnade oder freies Geleit?* medienöffentlich geführt, so dass auch aufgrund des angekündigten Inhalts der Erzählung ein großes Interesse zu erwarten war. Die Hoffnung des Verlags Kiepenheuer & Witsch erfüllte sich: Von Anfang an erwies sich *Die verlorene Ehre der Katharina Blum* als Bestseller. Bis heute [13] sind nach Angaben der beteiligten Verlage Kiepenheuer & Witsch sowie dtv etwa 1,86 Millionen Exemplare, davon 1,6 Millionen als Taschenbuchausgabe, verkauft worden.

Auch in den Feuilletons der Presse fand die Erzählung ein breites Echo und wurde häufig besprochen. In den SPD-nahen [14] und linken Zeitungen wurde freundlich auf die Erzählung reagiert. So schreibt Dieter Lattmann im sozialdemokratischen *Vorwärts*, dass keiner „schärfer als Böll (...) in der Bundesrepublik mit dem militanten Verleumdungsjournalismus ins Gericht gegangen" sei. [15] Er hält die Erzählung für „ein kleines Werk von scheinbar größter Einfachheit – in der verhaltenen, jedermann zugänglichen Sprache geschrieben" (ebd.). Er urteilt, dass die Erzählung, da sie die individuellen

---

13 Stand Juni 2001
14 Zum Zeitpunkt des Erscheinens der Erzählung war in der Bundesrepublik ein Drei-Parteien-System, bestehend aus SPD, FDP und CDU, fest etabliert. Die „Linke" wurde im Parlament durch die SPD repräsentiert.
15 Lattmann, S. 18

Freiheitsrechte und die Persönlichkeitsrechte des Einzelnen verteidige, die publizistische Kriminalität in Gestalt der Boulevardpresse provoziere. Die im Buch enthaltenen Satiren Bölls gegen Abhörpraktiken, Duckmäusertum und vermeintlicher Vaterlandsliebe lassen ihn das Buch als Pflichtlektüre für den öffentlichen Dienst empfehlen. Katharina Blum gehört für ihn

> *„in die Reihe der großen Unschuldigen, die immer die Literatur bewegt haben mit den Geschichten von Verkettung und Schuld in den Niederungen einer Zeit."* (ebd.)

Anders dagegen verhält man sich in der konservativen Presse. Angesichts des Verkaufserfolgs der Erzählung stellt die zum Springer-Konzern gehörende *Welt am Sonntag* ab dem 22. September 1974 die Veröffentlichung ihrer Bestsellerliste ein. Günter Zehm kritisiert Böll in der ebenfalls zum Springer-Konzern gehö- | Günter Zehm kritisiert Böll. | renden *Welt*. Er mutmaßt, dass die Erzählung auch treue Böll-Leser in Verlegenheit bringe. Zehm meint, die bisherige Kritik habe vor allem die Form der Erzählung als wenig gelungen bezeichnet. Die Untersuchung des Inhalts stehe noch an. Er polemisiert:

> *„Umgangen wird die wichtige Frage, ob es denn möglich sei, einen guten Roman für eine schlechte Sache zu schreiben. Indessen ist es gerade diese Frage, die sich einem bei der Lektüre des Böll'schen Buches aufdrängt."* [16]

Die Figur der Katharina Blum ist für ihn „ein Mägdelein so fein und rein, wie es sonst nur noch in den Romanen der Courths-Mahler vorkommt." (ebd.) Er bemängelt, dass der

16 Zehm, S. 13

Konflikt einseitig auf die Kampagne der ZEITUNG reduziert wird, und beschuldigt Böll, mit der Erzählung den demnächst beginnenden Gerichtsprozess gegen Baader-Meinhof beeinflussen zu wollen.

Bölls Erzählung findet aber auch in der etablierten unabhängigen Wochen- und Tagespresse gemischten Anklang. So lobt etwa der renommierte Philologe Walter Jens am 23. Juli 1974 – bereits vor Veröffentlichung des Vorabdrucks – im Hessischen Rundfunk, dass das Geschehen in der Erzählung wohl begründet und plausibel abgeleitet sei. Er führt aus:

> *„Die Manier verrät hohen Kunstverstand, mit der er, sehr sanft und behutsam, die Verstrickungen beschreibt, in die einer geraten kann, der seinem Herzen folgen will (...). Es ist beeindruckend, mit welcher schriftstellerischen Akkuratesse (und, dabei, mit wieviel politischer Humanität) Böll die PROZESSUALITÄT dieses Falles entwickelt und derart veranschaulicht, dass es eine ideologische Gewalt gibt – symbolisiert durch die ZEITUNG –, die so satanisch ist, dass nicht einmal das Lamm ihr gegenüber seine Unschuld zu behaupten vermag.“* [17]

Für die *Zeit* bemerkt Rolf Michaelis, dass der Schreibanlass in Bölls Biographie zu finden sei. Böll sähe sich als Stellvertreter für diejenigen, die sich gegen den Boulevardjournalismus nicht wehren können. Michaelis ist überzeugt von der moralischen Qualität der Erzählung, von der aufklärerischen Absicht, die damit verfolgt würde. Mit der literarischen Qualität hat Michaelis jedoch Schwierigkeiten:

---

17 Jens, S. 249 f.

„In der Idealisierung seines Blum-Mädchens geht Böll bis an die Grenze des literarisch Zulässigen und Überzeugenden. (...)
Nicht, dass dies psychologisch nicht glaubhaft wäre, Umkrempelung einer einzigen Person durch eine einzige Liebesbegegnung; doch wird die Verwandlung der passiven, ziellos streunenden Frau in eine aktive, ihr Ich bis zum Mord verteidigende Frau nur behauptet, nicht auch literarisch verwirklicht.
Überhaupt lässt sich der Verdacht schwer abwehren, die offensichtlich rasch geschriebene Erzählung, ein Nebenwerk sicher, müsse vom Erzähler durch ein Übermaß an Konstruktion legitimiert werden. Der eindringlich moralische Appell des kleinen Werkes wird durch kokette Struktur, spielerische Verschachtelung, zwinkernde Rück- und Vorblenden fast aufgehoben.(...)" [18]

Joachim Kaiser bemängelt in der *Süddeutschen Zeitung* die stilistische Qualität des Werkes:

Joachim Kaiser bemängelt die stilistische Qualität des Werkes.

„Aber sonst? Noch nie hat Böll so hemdsärmelig, ja so schlampig geschrieben wie im ersten Teil dieser Erzählung. Traut sich kein Lektor mehr an seine Manuskripte? Falsche Parenthesen, in einem Satz steht zweimal ‚er', aber es sind verschiedene Personen damit gemeint; ‚Regelrecht' erscheint als regelrechtes Obsession-Flickwort ... Dabei wimmelt es von absichtslosen Wiederholungen. (...) Statt auf einen betroffenen oder leidend-ironischen Erzähler treffen wir auf eine manchmal fad-witzelnde MAN-HALTUNG *(‚Das sollte doch noch einmal hervorgehoben werden, denn man kann sich da nie sicher sein')."* [19]

---

18 Michaelis, S. 18
19 Kaiser, S. 76

Er beklagt, dass Böll nur den Ton der ZEITUNG gelten lasse und nicht weitere Presseorgane oder Medien berücksichtige. Er sieht den Journalismus ungerechtfertigt auf einen seiner Teile reduziert und kritisiert die Schwarz-Weiß-Zeichnung der Erzählung.

Marcel Reich-Ranicki erkennt zwar in seiner Rezension in der

> Marcel Reich-Ranicki sieht in Bölls Darstellung der Alltagssprache große Sensibilität.

Frankfurter Allgemeinen Zeitung stilistische Mängel, sieht aber in Bölls Darstellung der Alltagssprache große Sensibilität. Die Qualitätsdiskrepanz von Inhalt und Form der Erzählung wertet Marcel Reich-Ranicki wie folgt:

> *„Auch wenn Bölls Bücher höchst zwiespältige und fragwürdige literarische Produkte waren – und auf welchen seiner Romane treffen diese Attribute nicht zu? –, so bewiesen sie doch einen einzigartigen Blick, ein schlechthin phänomenales Gespür für jene Motive, Situationen und Stimmungen, in denen ,das Aktuelle' wie von selbst zum Vorschein kommt und anschaulich wird. Was Böll erzählt, mag besser oder schlechter sein. Aber es traf und trifft die deutsche Gegenwart mitten ins Herz. Das gilt auch für die Geschichte von der ,Verlorenen Ehre der Katharina Blum.'"* [20]

Die Eigenschaft, ihre Leser zu polarisieren, ist sicher auch ein Grund für den Erfolg der Erzählung als Schullektüre. Daneben spielen der günstige Preis der Taschenbuchausgabe, die Kürze und die Handlungsdichte sowie das Identifikationsangebot durch die Figur der Katharina an die Schüler jeweils eine Rolle für die häufige Textauswahl im Deutschunterricht.

Dort wird auch oft die 1975 erfolgte Verfilmung der Erzählung

---

20 Reich-Ranicki, Literaturbeilage

durch Volker Schlöndorff und Margarethe von Trotta zum Vergleich heran-
gezogen. Am Drehbuch hat neben den
Regisseuren Böll selbst mitgewirkt. Der

Verfilmung der Erzählung
durch Volker Schlöndorff und
Margarethe von Trotta

Film erzählt im Gegensatz zum Buch streng chronologisch
aufgebaut die fünf Karnevalstage des Geschehens. Inhaltlich
wurde vor allem der Auftritt Tötges in Katharinas Wohnung
vor der Erschießung aufgewertet. Tötges hält im Film einen
längeren Monolog, in dem deutlich wird, dass er Katharina
und ihre Story als Marktwert, als Kaufkraftangebot an seine
Leser ansieht. Insofern hebt der Film, der von Böll als eigen-
ständiges Kunstwerk empfunden wurde [21], die Kommerziali-
sierung der persönlichen Geschichte Katharinas hervor und
vernachlässigt – aufgrund der unterschiedlichen Darstellungs-
möglichkeiten – den seelischen Konflikt der jungen Frau.
Margarethe von Trotta verfasste auch eine Bühnenfassung der
Erzählung, der aber – wie auch einer zweiten von Günter Fle-
ckenstein – bislang nur wenig Erfolg beschieden war. Auch
die Oper *Katharina Blum* von Tilo Medek hat bislang nur wenig Resonanz erfahren.

---

21 „Böll sieht die *Katharina Blum* nicht als Verfilmung, sondern als einen selbstständigen Film."
(Volker Schlöndorff)

5. Materialien

Die Thematik der Massenpresse mit ihren Manipulationsmöglichkeiten beschäftigte auch andere Schriftsteller, so auch den Lyriker Horst Bienek. Er formuliert seine Anklage im aufklärerischen Sinn als „Anweisung für Zeitungsleser":

„Anweisung für Zeitungsleser

I   Prüft jedes Wort
prüft jede Zeile
vergesst niemals
man kann
mit einem Satz
auch den Gegen-Satz ausdrücken

II   Misstraut den Überschriften
den fettgedruckten
sie verbergen das Wichtigste
misstraut den Leitartikeln
den Inseraten
den Kurstabellen
den Leserbriefen
und den Interviews am Wochenende

Auch die Umfragen der Meinungsforscher
sind manipuliert
die Vermischten Nachrichten
von findigen Redakteuren erdacht
misstraut dem Feuilleton

> den Theaterkritikern Die Bücher
> sind meistens besser als ihre Rezensenten
> lest das was sie verschwiegen haben
> Misstraut auch den Dichtern
> bei ihnen hört sich alles
> schöner an auch zeitloser
> aber es ist nicht wahrer nicht gerechter

III   *Übernehmt nichts*
ohne es geprüft zu haben
nicht die Wörter und nicht die Dinge
nicht die Rechnung und nicht das Fahrrad
nicht die Milch und nicht die Traube
nicht den Regen und nicht die Sätze
fasst es an schmeckt es dreht es nach allen Seiten
nehmt es wie eine Münze zwischen die Zähne
hält es stand? Seid ihr zufrieden?

IV   *Ist Feuer noch Feuer und Laub noch Laub*
ist Flugzeug Flugzeug und Aufstand Aufstand
ist eine Rose noch eine Rose?

> *Hört nicht auf*
> *euren Zeitungen zu misstrauen*
> *auch wenn die Redakteure*
> *oder Regierungen wechseln"* [22]

**Auch nach gut 25 Jahren gibt es noch die Bild-Zeitung.
Sie handelt nach wie vor im vertrauten Feld des Boule-
vard-Journalismus unter Benutzung der bekannten Me-**

---

22 Bienek, S. 122 f.

thoden. Der folgende im *Stern* erschienene Artikel beschreibt aktuelle Verwicklungen:

„Unser täglich Rot

An jenem Mittwoch Ende November, gegen 10.30 Uhr, verkündete ‚Bild'-Chefredakteur Udo Röbel eine Entscheidung, die keine 24 Stunden später ein Land erschütterte und eine Stadt traumatisierte: ‚Das ist keine unglaubliche Geschichte. Die machen wir jetzt', sagte er zu den ‚Bild'- Gewaltigen, die sich in seinem Büro im zehnten Stock des Hamburger Springer-Hochhauses versammelt hatten. (...) Es war ein schwarzer Tag an der Börse und ein schwarzer Tag für ‚Bild'. In viereinhalb Zentimeter großen Lettern, rund vier Millionen Mal verkauft und über elf Millionen Mal gelesen, donnerte ‚Bild' am nächsten Morgen: ‚Neonazis ertränken Kind'. In der Unterzeile hieß es: ‚Am helllichten Tag im Schwimmbad. Keiner half. Und eine ganze Stadt hat es totgeschwiegen.'

KEIN ANDERES BLATT vermag mit solcher Wucht eine Medien-Lawine loszutreten. Auf dem Höhepunkt der Erregung über den vermeintlichen Nazi-Mord im sächsischen Sebnitz empfing der Bundeskanzler die Mutter des getöteten Joseph. ‚Bild'-Schlagzeilen waren es, die Zweifel an den Aussagen der trauernden Frau zerstreut und den meisten anderen Medien vorgegeben hatten, wie über den Fall zu berichten war: empört, fassungslos – und manchmal auf Kosten einer Wahrheit, die nur erfahren konnte, wer unvoreingenommen recherchierte.

Heute scheint festzustehen, dass es die ‚Rotte der Neonazis', die ‚Bild' als Täter hinstellte, nie gegeben hat. Neun Tage nach der ersten Veröffentlichung druckte ‚Bild' eine Erklärung von Röbel: ‚Sollten die noch laufenden Ermittlungen ergeben, dass der Stadt Sebnitz und ihren Bürgern wirklich Unrecht getan wurde, wird ‚Bild' nicht zögern, sich auch öffentlich zu entschuldigen.'

(...) ‚Bild' steht am Pranger. Angeklagt wegen eines Verdachtes, der das Massenblatt seit Jahrzehnten verfolgt: ‚Bild lügt'.

Der frühere ‚Bild'-Chefredakteur Peter Bartels spricht von einem ‚GAU'. Das Kürzel steht für ‚größter anzunehmender Unfall'.

Udo Röbel ist ein besonnener Mann und kein Scharfmacher. Ihm lagen Gutachten und Zeugenaussagen vor, Haftbefehle wurden erlassen. Er hatte Anwälte nach Sebnitz geschickt, um die Vorwürfe der Familie des toten Joseph prüfen zu lassen. ‚Wann', fragt er, ‚wann hast du schon mal fünfzehn Eidesstattliche Versicherungen?' Noch am Mittag der Veröffentlichung erhielt er neue Informationen über die Ermittlungen der Staatsanwaltschaft.

‚Bild' sei schneller gewesen als die anderen, aber fast alle hätten im gleichen Tenor berichtet. Er glaubt nicht, dass ‚wir die Kraft haben, bestimmte Dinge zu zementieren und den Leuten einzuhämmern'. Die Macht seines Blattes spielt er herunter.

EINE UNHEIMLICHE MACHT: Die Hamburger Boulevardstrategen erreichen noch weit mehr Menschen, als ihr Blatt lesen. Weil es zwar immer mehr Medien gibt, diese aber immer weniger recherchieren. Die Fast-Food-Redaktionen recyclen tagtäglich das ‚Bild'-Material, private Radio- und Fernsehstationen plappern es nach. Eine gute Zeile, ein gutes Thema kann so bis zu 80 Prozent der erwachsenen Deutschen erreichen. Irgendwann kommen auch die ernst zu nehmenden Zeitungen und Sendungen nicht mehr daran vorbei.

‚Bild' legt nach, am Wochenende verdickt die ‚Bild am Sonntag' (BamS) die Geschichte. ‚Bild, BamS, Glotze', sagt Kanzler Gerhard Schröder, wenn er von der Macht der Medien spricht - oft genügt das Erste: Der Rest kommt von ganz allein.

‚Bild', ‚Bild am Sonntag' und die ebenfalls zur ‚roten Gruppe' zählende Berliner ‚B. Z.' regieren nicht das Land. Aber die Regierenden haben mehr als nur Respekt vor ihrem Einfluss. Außenminister Joschka Fischer sagt gelegentlich im kleinen Kreis: Gegen die rote Gruppe bei Springer könne man ‚in Deutschland nur schwer Wahlen ge-

*winnen. Und dauerhaft kannst du gegen die auch kaum regieren.'
‚Bild', beobachtet ein Berliner Insider, sei ein Blizzard, also ein Na-
turphänomen von großer Zerstörungskraft: ‚Einen kann man über-
stehen. Aber nicht jeden Tag einen.' Der ‚Bild'-Blizzard kann jeden
Winkel der Republik erreichen, nicht nur das kleine Sebnitz, wo er
von vielen anderen Windmaschinen verstärkt wurde. Niemand ist
vor ‚Bild' sicher. Egal, ob er Politik macht oder Schlager, Bankge-
schäfte oder Sport. (...)*

*In seinem Buch ‚Der Aufmacher'[23] reimt Günter Wallraff über sei-
ne Erfahrungen als Undercover-Reporter bei ‚Bild': ‚Sie haben gelo-
gen und betrogen, dass sich die Balkenüberschriften bogen'. ‚Bild' ist
für ihn das ‚Gebiss der Finsternis'. Zähne hat die Zeitung noch heute.
Finster ist sie nur noch gelegentlich. Zum Beispiel, wenn sie über die
Bürger von Sebnitz schreibt: ‚Wer das Gefühl hat, er könnte irgend
etwas nicht bemerken, der spitzelt ein bisschen. Die Stasi-Zeit ist
noch nicht lange her.' Solche Hetze ist die Ausnahme. Denn Profis
wie Röbel sehen ihre wichtigste Aufgabe nicht darin, Kampagnen zu
machen, sondern Auflage: ‚Der Haupt-Job des ‚Bild'-Chefredak-
teurs ist, das Thema des Tages zu finden, bei dem er die größte
Massenakzeptanz sieht.' Trotzdem hat er nie eine Schlagzeile gedich-
tet, in der etwa die Todesstrafe gefordert wird. Die Auflagenkurve
von ‚Bild' zeigt nach unten, vielleicht auch deshalb.*

*Im Januar wird Röbel von Kai Diekmann, einem smarten Aufstei-
ger mit konservativer Gesinnung, abgelöst. Ein sozialdemokrati-
scher Bundesminister sieht das als Teil der Bestrebungen im Springer-Verlag, ‚mit Blick auf die Wahlen 2002 bestimmte Leute an die
entscheidenden Stellen zu bringen.' Regelmäßig lässt sich Springer-
Großaktionär Leo Kirch, der schlecht sieht und selten zu sehen ist,
die ‚Bild'-Zeitung vorlesen.*

*ERZKONSERVATIVE JOURNALISTEN wie Georg Gafron, der
künftige ‚B. Z.'-Chef, rücken in Spitzenpositionen auf. Michael Spreng,*

---

23 erschienen 1977 (d. Verf.)

der liberale Chef der ‚Bild am Sonntag‘, musste gehen. Springer-Mehrheitseigentümerin Friede Springer und der designierte Vorstandschef Mathias Döpfner richten den Verlag neu aus. Mit Leuten wie ‚Bild‘-Hoffnungsträger Kai Diekmann, der bereits vor Jahren in ‚Bild‘ den ewigen Kanzler und Kirch-Freund Helmut Kohl nebst Gattin Hannelore besungen hat: ‚Ihr kariertes dunkelgrünes Escada-Kostüm umspielt ihren schlanken Körper.‘ Unbotmäßigkeiten wie bei Röbel, der in ‚Bild‘ die CDU-Spendenaffäre mit dem Abdruck langer Vernehmungsprotokolle anheizte, sind bei ihm nicht zu erwarten.

‚Die Leute, die man bei Kirch mag‘, sagt ein Medienmanager, ‚sitzen bald genau da, wo man sie gut findet.‘ Kenner des konservativen Medienimperiums berichten von Listen mit den Namen von Autoren, die Kirch schätzt und die gefördert werden sollen. Wird ‚Bild‘ stärker auf Kampagnen setzen? ‚Das müssen Sie meinen Nachfolger fragen‘, antwortet Röbel. Der aber schweigt und bastelt an seiner neuen ‚Bild‘.

WAS IST DAS FÜR EINE MACHT, die von den Mächtigen, den Schönen und den Berühmten so beäugt wird? Wie ein Schwamm saugen die ‚Bild‘-Chefs jeden Morgen die Geschichten auf, die 33 Regionalredaktionen anbieten. 800 fest angestellte und Hunderte freier Journalisten halten die Maschine unter Dampf. Am legendären ‚Balken‘, dem Monitor- und Schreibtischverhau im zentralen Produktionsraum, wird ein ‚Bild‘-Provinzfürst nach dem anderen per Lautsprecher zugeschaltet. Kein Ort der Republik, so heißt es, liege weiter als 30 Minuten vom nächsten ‚Bild‘-Reporter entfernt. Wer es mit seiner Story in die Bundesausgabe schafft, hat schon am Morgen danach mehr als sechs Millionen Menschen erreicht. Insgesamt hat ‚Bild‘ fast so viele Leser wie ‚Wetten, dass …?‘ Zuschauer. Auch wenn unter ihnen solche mit Abitur klar in der Minderheit sind, spricht ‚Bild‘ alle Bevölkerungsschichten an, ist in Ministerien und Redaktionen ebenso Pflichtlektüre wie in Chefetagen.

Als letztes der alten bundesdeutschen Leitmedien hat ,Bild' die Kraft, nationale Debatten über Tage zu dominieren. Röbel hat in den Augen vieler Boulevardkollegen das Potenzial der Zeitung bei weitem nicht ausgeschöpft. Die alten Kapitäne auf der ,Bild'-Brücke arbeiteten nicht nach dem Motto: ,Bild kämpft für Sie.' Bei ihnen galt: ,Bild siegt für Sie'. (...)

POLITIK WIRD ZUR SHOW. Und die Show wird zur Politik. In der auf Personen fixierten Medienwelt schafft sich das Blatt eigene Helden. Guildo Horn war der Prototyp. ,Darf dieser Mann für Deutschland singen?', fragte ,Bild'. Und begleitete den Grand-Prix-Troubadour dann bis zur ,letzten Fönung'. Das Echo hat die Macher überrascht, Zufall war es nicht. ,Bild' hatte einen Trend gewittert – das Schlager-Revival – und ihn dann aus der Subkultur auf die erste Seite befördert. Mit Zeilen wie ,Kühe stehen auf Guildo Horn – wenn er singt, gibts mehr Milch.' ,Bild'-Sprachschöpfungen gehören auf jeden Schulhof, in jeder Kneipe zum Vokabular – vom ,Prügelprinzen' bis zum ,Boxen-Luder'. (...)

,Bild' ist längst nicht mehr die Macht des Bösen, die sie in der alten Bundesrepublik über zwei Generationen für junge Leute links der Mitte gewesen ist. ,Springer-Presse, halt die Fresse', grölten die Studenten 1968. ,Eiterbeulen', ,Schreihälse', witterten die Springer-Schreiber über die revoltierende Jugend. Und eben auch: ,Polit-Gammler Dutschke dreht an einem dollen Ding'. Ein aufgehetzter Attentäter schoss Rudi Dutschke in den Kopf. Der Studentenführer starb an den Spätfolgen. In seiner Springer-Biografie zitiert der Journalist Michael Jürgs aus einer Ansprache des Berliner Bischofs Kurt Scharf zu Ostern 1968: ,Nicht der erst ist ein Mörder, der einen anderen totschlägt, sondern schon der, der ihn einen gefährlichen Lumpen nennt.'

UNVERSÖHNLICH, JA FEINDSELIG standen sich linke Weltverbesserer und rechte Radaubrüder gegenüber. Zehn Jahre nachdem ,Die verlorene Ehre der Katharina Blum' erschienen war, bezeichne-

te Heinrich Böll seine Erzählung als ‚verkleidetes Pamphlet' gegen ‚Bild'. Er berichtet darin kühl und nüchtern, oft im Ton staatsanwaltschaftlicher Ermittlungen, über eine nicht ganz fiktive ‚Zeitung' und deren Wirkung. Eine junge Frau geht tanzen, lernt dort einen Mann kennen, der von der Polizei gesucht wird, und wird daraufhin von der Medienmaschine der Zeitung überrollt.

‚Über die Gewalt von Schlagzeilen ist noch zu wenig bekannt', klagte der Literatur-Nobelpreisträger. ‚Es wäre eine Aufgabe der Kriminologie, das einmal zu erforschen, was Zeitungen anrichten können.' (...)

Heinrich Böll wurde – anders als die ‚Bild'-Zeitung – in der DDR gelesen. Auch im sächsischen Sebnitz. Die ‚Katharina Blum' steht seit Jahrzehnten im Bücherregal von Ekkehard Schneider, dem Sebnitzer Apotheker, dessen Tochter vorübergehend unter Mordverdacht verhaftet und von ‚Bild' als Neonazi denunziert wurde. Schneider hat furchtbare Tage hinter sich. Er versucht zu begreifen, welche Dämonen in sein Leben und das seiner Familie eingebrochen sind. Vielleicht wird es Jahre dauern, bis er verarbeitet hat, was passiert ist. Schneider sagt: ‚Wir kannten die ‚Bild'-Zeitung nicht. Wir konnten höchstens einmal im Urlaub hineingucken. Aber jetzt verstehe ich es schon. Ich glaube, ich muss den Böll noch einmal lesen.'"[24]

Wie sich Bild und der Springer-Konzern im Jahr 2001 nach dem Wechsel an der Spitze der Chefredaktion verhalten, kann man dem folgenden Artikel entnehmen:

„Junge Männer, alte Barrikaden

Es scheint wie ein Rückfall in Vergangenes: Plötzlich kämpfen Springer-Blätter wieder gegen eine linke Regierung und gegen die 68er.

---

24 Schmitz, Glees, Streck, S. 28 ff.

Gerade erst hat eine neue Generation Spitzenpositionen im Verlag übernommen. Bestimmen nun wieder Ideologen die Linie? (...)

Unter Chefredakteur Udo Röbel befand sich die ‚Bild'-Zeitung in ruhigem Fahrwasser. Nicht nur der kleine Mann, für den Verleger Axel Springer das Boulevardblatt erfunden hatte, las die Zeitung. Auch der Manager, die Dame der Gesellschaft und der junge Intellektuelle schämten sich nicht dafür, bei der Lektüre von ‚Bild' ertappt zu werden. Die ‚Bild'-Zeitung war gesellschaftsfähig geworden. Der Begriff ‚Kampfpresse', um die Springer-Zeitungen, allen voran ‚Bild' und ‚Bild am Sonntag', im rechten Parteienlager einzuordnen, war ein Begriff aus vergangenen Tagen, aus einer Zeit, als Joschka Fischer noch nicht wusste, dass er einmal Außenminister der Bundesrepublik Deutschland werden würde.

Und dann war da noch die Sache mit der ‚Welt', dem einst erzkonservativen Blatt, das sich unter dem jungen Chefredakteur Mathias Döpfner seit 1998 derart veränderte, dass selbst ‚Welt'-Gegner einräumten, das publizistische Flaggschiff des Axel Springer Verlages sei wirklich liberal und modern geworden.

Kaum jemand hatte bemerkt, dass bereits Döpfners Vorgänger Thomas Löffelholz ein liberaler Geist war und die konservative Schärfe aus dem Blatt genommen hatte. (...) Äußerlich allerdings war die ‚Welt' das graue, altbackene Blatt geblieben. Erst Döpfner schaffte durch sein öffentliches Auftreten, vor allem aber durch viel Farbe im Blatt, New-Economy-Themen und Grafiken, dass die ‚Welt' wieder wahrgenommen wurde. So sieht sie immer noch aus – und verdeckt den Rückfall in konservative Zeiten unter dem neuen Chefredakteur Wolfram Weiner.

So war das noch vor einem Jahr. Seit Anfang dieses Jahres jedoch hat sich einiges geändert. Angefangen hat es mit der Diskussion um die 68er. Es stellte sich heraus, dass jene Jahre in den Köpfen der Deutschen längst nicht verarbeitet waren. Während ‚Bild' zu dem Zeitpunkt vor allem mit Boris Becker und dem ‚Samenraub' be-

schäftigt war, setzte sich die Welt an die Spitze der kontroversen Diskussion. Hatte sie nicht daran gedacht, dass der Springer-Konzern einer der Hauptbeteiligten dieser aufgewühlten Zeit war? Schoss sich die ‚Welt' selbst ins Bein?

Und gerade weil diese Zeit der ausgehenden 60er und 70er Jahre auf keiner der beiden Seiten aufgearbeitet ist, wurde wie damals emotionalisiert, überreagiert. Das Ganze gipfelte in Kanzler Schröders Attacke in der ‚Zeit', Springer fahre eine Kampagne gegen die Regierung. Schon in der Woche zuvor hatte sein Sprecher Bela Anda gegen ‚Bild' geschossen. (...)

Statt sich in ruhigem Fahrwasser zu bewegen, kämpft Springer nun gegen starken Seegang. Davon am stärksten betroffen ist mittlerweile die ‚Bild'-Zeitung. Denn am Dienstag kam es zum GAU: ‚Bild' hatte ein Foto von Jürgen Trittin bei einer Demonstration 1994 in Göttingen veröffentlicht und die Leser mit zwei Hinweisbalken auf einen ‚Schlagstock' und einen ‚Bolzenschneider' in den Händen von Demonstranten aufmerksam gemacht. Der Artikel dazu trug die Überschrift ‚Was machte Minister Trittin auf dieser Gewalt-Demo?'. In Wirklichkeit war der angebliche Bolzenschneider jedoch nichts anderes als ein eigenwillig gemusterter Handschuh eines Demonstranten, und der Schlagstock, den ein anderer Demonstrant mit der Hand umklammerte, entpuppte sich auf den zweiten Blick als Seil. Nachdem ‚Süddeutsche Zeitung' und ‚taz' bei ‚Bild' recherchiert hatten, entschuldigte sich das Boulevardblatt in der Mittwochausgabe für den falschen Bildtext. Es habe sich um ein Versehen gehandelt. Dies habe die Auswertung weiterer Fotos und Videobänder ergeben. Doch Trittin will sich mit der veröffentlichten Entschuldigung nicht zufrieden geben und spricht von Manipulation. ‚Bild' habe das Foto in Schwarz-weiß und beschnitten gezeigt. Dadurch sei nicht mehr wirklich zu erkennen gewesen, welche Details darauf abgebildet waren. Zum Beispiel jenes Detail, dass das gezeigte Seil von Demonstranten verwendet worden war, um ihren so genannten schwarzen Block zu umspannen und sich so vor Eingriffen der Polizei zu wehren. Tatsächlich blieb Trittin also außerhalb dieses Blocks. Es sei daher kein ‚Fehler' gewesen, sondern eine gezielte Manipulation mit dem Ziel, jemanden in Verruf zu bringen. Trittin kündigte an, er werde wegen des Vorfalls den Deutschen Presserat einschalten.

Kai Diekmann, Chefredakteur von ‚Bild' bleibt jedoch dabei: ‚Dieses Foto ist von uns nicht manipuliert worden, lediglich die Bildunterschrift ist falsch.' Persönlich bei Trittin entschuldigt hat sich das Blatt nicht. Vielmehr sagte Diekmann, es bleibe die politische Frage, was Trittin auf der Gewaltdemo im Jahr 1994 gemacht habe.

War es nur ein Flüchtigkeitsfehler, oder handelte das Blatt mit Vorsatz? Wie soll ‚Bild' da jetzt wieder rauskommen?

‚Kai Diekmann ist kein Kampagnen-Journalist aus der konservativen Ecke', sagt Christoph Scheuring. Der zweifache Kisch-Preisträger ist wahrlich nicht dem konservativen Lager zuzurechnen. Und mit seiner Einschätzung Diekmanns steht er nicht allein. Wer mit Diekmann zusammenarbeitet, geht davon aus, dass er alles für Auflagenerfolg und fast alles für die Karriere tun würde. (...)

Wenn Diekmann kein Kampagnen-Journalist ist, wie viele sagen, und auch das Trittin-Foto keine Manipulation war, ist die Außenwirkung der ‚Bild' doch auf Dauer geschädigt. Zu erklären ist das nur so: Der ansonsten clevere, strategisch denkende Kai Diekmann war in dieser Umbruchzeit bei ‚Bild' zu Beginn seiner Amtszeit zu heiß auf die ‚gute Geschichte' und damit blind, was die Folgen in der derzeitigen Springer-Debatte angeht. Die ‚Welt' jedoch, die zuvor die Regierung viel heftiger attackiert hatte, ist auf einmal fein heraus.'"[25]

---

25 Simon, S. 3

Der letzte Text von Albrecht Weber soll eine Hilfe sein, die vorliegende Erzählung nach literaturtheoretischen Aspekten einzuordnen:

‚Novellen als poetologisches Problem

Novelle bedeutet zunächst nova res in Diminuitivform, eine kleine Neuigkeit, ein Neuigkeitchen, also etwas Neues, aber begrenzt, eine aufs Ganze des Lebens, der Zeit, der Welt gesehen interessante Episode oder, wie der alte Goethe 1827 zu Eckermann sagte, ‚eine ereignete unerhörte Begebenheit‘, unerhört im Sinne von noch nie gehört. (...)

Unter Novellen beschreiben wir Texte in einem Erzählraum, in dem die Einheit des Geschehens betont wird: die **eine** *begrenzte, aber bedeutende Begebenheit ohne erhebliche Episoden und Nebenhandlungen; Handlungen, in denen sich konzentriert und zugespitzt Schicksal ereignet; Neues, Außerordentliches, Unerhörtes; überraschenden ja wunderbaren Wendungen; relative Kürze durch perspektivischen Weltausschnitt; scheinbar objektive Darstellung bei subjektiver Auswahl und Perspektive; verdeckte Relativität, kenntlich an Rahmen oder distanzierender Ironie; Gesellschaftsbezogenheit; herausgearbeitete Modellhaftigkeit von Situationen und Entscheidungen.* **Kriterien***, deren Wirkungen und Zusammenwirken schließlich Dominanten ergeben, die für die Hypothese ‚Novellen‘ gelten können, sollen nochmals knapp formuliert werden.*

1. *Novellen stellen Ereignisse als* **begrenzte Neuigkeiten** *oder begrenzte Ereignisse als Neuigkeiten dar.*
2. *Als Darstellung begrenzter Ereignisse sind Novellen* **handlungsbezogen***, mit Bedingungen und Ziel, Einsatz und Abschluss.*
3. *In Novellen stellen sich Ereignisse/Vorfälle/Situationen so dar, dass sie* **für sich selber** *zu sprechen scheinen.*

4. *Der Umfang fördert eine gewisse **Einheit des Erzählens**.*
5. *Die knappe (mittlere) Erzählzeit begünstigt **dramatische Struk-turen** (Geschlossenheit, Ökonomie der Mittel, Steigerung, Wende, Lösung)*
6. *Neuigkeiten bedeuten vielfach **Außerordentliches**, Ungewöhn-liches, Überraschendes, Unerhörtes, ja **Wunderbares**, das, pro-filiert herausgearbeitet, oft in einer **Wende** evident erscheint.*
7. *Begrenzte, abgeschlossene Neuigkeiten bedürfen als Erzählzeit etwa dramenähnlicher, **abendfüllender** Längen.*
8. *Begrenztheit erfordert straffe **Konstruktion**, sparsamen, zwin-genden Einsatz von Situationen, Figuren, Problemen und Stil-mitteln.*
9. *Die Fiktion perspektivischer Weltausschnitte, die für ein Welt-ganzes stehen sollen, legt distanzierende, **objektivierende** Er-zählhaltungen nahe /vielfach Rahmenerzählungen, Glaubhaftma-chung durch genaue Orts- und Zeitangaben, Anknüpfung an, Beziehung zu und Auswertung von historischen Ereignissen, Be-zeugung durch Augenzeugen, auktorialer (Er-Erzähler bzw. Ich-Erzähler)*
10. *Novellen werden von einer fiktiven Gesellschaft (Leser) aus in eine **Gesellschaft** hineinerzählt (oft fiktive Erzählsituation vor Auditorium oder Publikum, als Ersatz vor einem Zuhörer)*
11. *Wendepunkte markieren **Entscheidungen**, die als zwischen-menschliche immer ethischer Natur sind.*
12. *Die auktorialen oder ichperspektivischen Erzähler schneiden ein bestimmtes Ereignis aus, spitzen es zu, halten es zusammen, indem sie es zu einem **geschlossenen Ganzen** runden. Die Begrenztheit der jeweiligen Neuigkeit widerspräche offenen Er-zählformen.*

Novellistische Strukturen korrespondieren mit begrenzten gesellschaft-lichen Verhältnissen, wie Liebe und Ehe, Familie und Kleinstadt,

*Landschaft und personenrepräsentierten Gruppensituationen (Schu-
le, Nationen, Kirchen usw.). Sie vermögen kaum kosmische, inter-
nationale, ökonomische Probleme und Verflechtungen darzustellen.
Solche Strukturen begrenzter Inhalte bzw. konzentrierter Problem-
lösungen prägen vor allem die deutschen Novellen des Realismus.* "[26]

---

26 Weber, S. 9 ff.

Literatur

1. Ausgaben

Böll, Heinrich: *Werke.* Hg. v. Bernd Balzer. Romane und Erzählungen 1947 bis 1977. 5 Bde. Köln: Kiepenheuer & Witsch,
1977. Erg. Neuaufl. 1947 bis 1985. 4 Bde. 1987 [*Die verlorene
Ehre der Katharina Blum* in Bd. 4]

Böll, Heinrich: *Die verlorene Ehre der Katharina Blum oder:
Wie Gewalt entstehen und wohin sie führen kann.* Erzählung.
Köln: Kiepenheuer & Witsch, 1974.
- München: dtv, 1976 (dtv 1150).
- Mit Materialien und einem Nachwort des Autors. Köln:
  Kiepenheuer & Witsch, 1984 (KiWi 62).
- Mit einem Nachwort des Autors. Köln: Kiepenheuer &
  Witsch, 1992 (KiWi 267).
- Mit einem Nachwort des Autors: Zehn Jahre später. 28.,
  neu durchges. Aufl. München: dtv, 1995 (dtv 1150).
  (nach dieser Ausgabe wird zitiert.)

2. Lernhilfen und Kommentare für Schüler

Balzer, Bernd: *Heinrich Böll. Die verlorene Ehre der Katharina
Blum.* Frankfurt a. M.: Diesterweg 1990 (Grundlagen und
Gedanken zum Verständnis erzählender Literatur).
  *(Im Sinne des Titels der Reihe, in der das Bändchen erschienen
  ist, keine allumfassende Interpretation, sondern eine auf die Struktur der Erzählung und auf ausgewählte Probleme konzentrierte
  Darstellung.)*

Bellmann, Werner; Hummel, Christine: *Heinrich Böll. Die verlorene Ehre der Katharina Blum*. Stuttgart: Philipp Reclam jun. 1999 (Universal-Bibliothek Nr. 16011, aus der Reihe Erläuterungen und Dokumente)
  (Kommentierte Textsammlung zur Erzählung, im Einzelnen zur Entstehungsgeschichte, zur Rezeption, der Werkdeutung. Ergänzt mit Texterläuterungen zur Erzählung und Texten zur weiteren Diskussion.)

Kicherer, Friedhelm: *Heinrich Böll. Die verlorene Ehre der Katharina Blum*. Analysen und Interpretationen mit didaktisch-methodischen Hinweisen zur Unterrichtsgestaltung. Hollfeld: Bange 1981.
  (Etwas veraltet wirkende, aber solide untersuchende Arbeit. Im Anhang findet sich eine ausgearbeitete Unterrichtsreihe.)

Sowinski, Bernhard: *Heinrich Böll. Die verlorene Ehre der Katharina Blum*. Interpretation. München: R. Oldenbourg 1994. (Oldenbourg Interpretationen 67)
  (Eine umfangreiche und ausgiebige Untersuchung der Erzählung mit didaktischen Hinweisen.)

3. Sekundärliteratur

Balzer, Bernd: *Anarchie und Zärtlichkeit*. In: Böll, Heinrich: Werke, Bd. 1, Köln: Kiepenheuer & Witsch 1977.

Beth, Hanno: *Heinrich Böll. Eine Einführung in das Gesamtwerk in Einzelinterpretationen*. Königstein 1980.

Köster, Juliane: *Katharina Blum – die fremde Feindin. Über Identifikation der Erkenntnismittel*. In: Diskussion Deutsch 104 (1988), S. 606 ff.

Nägele, Rainer: *Heinrich Böll. Einführung in das Werk und in die Forschung.* Frankfurt a. M. 1976.

Scheiffele, Eberhard: *Kritische Sprachanalyse in Heinrich Bölls Die verlorene Ehre der Katharina Blum.* In: Basis. Jahrbuch für deutsche Gegenwartsliteratur 9 (1979), S. 169 ff.

4. Rezensionen

Jens, Walter: Rezension zu *Die verlorene Ehre der Katharina Blum.* Hessischer Rundfunk. Sendung vom 23. 7. 1974. – Abgedr. in: Heinrich Böll: Die verlorene Ehre der Katharina Blum. Mit Materialien und einem Nachwort des Autors. Köln: Kiepenheuer & Witsch 1984. S. 243–250.

Kaiser, Joachim: *Liebe und Hass der heiligen Katharina. Heinrich Böll: „Wie Gewalt entstehen und wohin sie führen kann".* In: Süddeutsche Zeitung Nr. 183 (10. 8. 1974), S. 76.

Lattmann, Dieter: *Böll und sein Buch des Anstoßes.* In: Vorwärts Nr. 33. (15. 8. 1974), S.18.

Michaelis, Rolf: *Der gute Mensch von Gemmelsbroich. Nachdenken über die Krankheit unserer Zeit: Gewalt. Heinrich Bölls Erzählung Die verlorene Ehre der Katharina Blum.* In: Die Zeit, Nr. 32 (2. 8. 1974), S. 18.

Reich-Ranicki, Marcel: *Der deutschen Gegenwart mitten ins Herz.* In: Frankfurter Allgemeine Zeitung Nr. 195 (24. 8. 1974), Literaturbeilage.

Zehm, Günter: *Heinrich der Grätige. Macht Bölls neue Erzählung Stimmung für ein restriktives Pressegesetz?* In: Die Welt Nr. 189 (16. 8. 1974), S. 13.

5. Sonstige Literatur

Bienek, Horst: *Gleiwitzer Kindheit. Gedichte aus zwanzig Jahren.* München, Wien: Carl Hanser 1976.

Böll, Heinrich: *Werke Bd. II. Essayisitische Schriften und Reden Bd. II.* Hg. v. Bernd Balzer, Köln: Kiepenheuer & Witsch, 1978

Böll, Heinrich: *Will Ulrike Meinhof Gnade oder freies Geleit?* In: Der Spiegel 3 (1972), S. 54 ff.

Bräutigam, Kurt (Hg.): *Romanbetrachtung*: Heidelberg 1977.

Bundeszentrale für politische Bildung: *Staatsrecht der Bundesrepublik Deutschland*, Bonn: 1997.

Grützbach, Frank (Hg.): *Heinrich Böll: Freies Geleit für Ulrike Meinhof. Ein Artikel und seine Folgen.* Mit Beiträgen von Helmut Gollwitzer. Köln: 1972.

Höring, Hubert: *Leserbrief*, abgedruckt in: Der Spiegel Nr. 34 (19. 8. 1974), S. 7.

Kepplinger, Hans Mathias: *Publizistische Konflikte.* In: Wilke, Jürgen (Hg.): Mediengeschichte der Bundesrepublik Deutschland. Bonn: Bundeszentrale für politische Bildung 1999.

Meyers Großes Taschenlexikon in 24 Bd./hg. u. bearb. v. d. Lexikonred. d. Bibliogr. Inst. – Mannheim, Wien, Zürich: 1983.

Schlöndorff, Volker im Interview mit Karin Mecklenburg. In: Szene Hamburg Nr. 24 (1975), S. 22.

Schmitz, Stefan; Glees, Florian; Streck, Michael: *Unser täglich Rot*. In: Stern Nr. 50 (2000), S. 28 ff.

Simon, Ulrike: *Junge Männer, alte Barrikaden*. In: Der Tagesspiegel (1.2.2001), S. 3.

Weber, Albrecht: *Grundlagen der Literaturdidaktik*, München: Ehrenwirth 1975, S. 9ff.

Wilpert, Gero von: *Sachwörterbuch der Literatur*, 6. verb. u. erw. Aufl. Stuttgart: Kröner 1979.

[Diverse Verfasser.] *Heinrich Böll*. In: Kindlers Neues Literatur Lexikon. Bd. 2. München 1989, S. 844 – 856.

6. Materialien aus dem Internet

www.heinrich-boell.de

Unter dieser Internet-Adresse gelangt man zur offiziellen Böll-Website. Dort finden sich Angaben zu Werk und Leben, zu Böll-Institutionen und vielem mehr.

7. Verfilmung

Die verlorene Ehre der Katharina Blum. BRD 1975.
Regie: Volker Schlöndorff und Margarethe von Trotta.
Drehbuch: Heinrich Böll, V. Schlöndorff und M. von Trotta.

Wie interpretiere ich...?

■ Der Bestseller!

Alles zum Thema Interpretation,
abgestimmt auf die individuellen Anforderungen

☆ **Basiswissen**
(Einführung und Theorie)
- grundlegende Sachinformationen zur Interpretation und Analyse
- Grundlagen zur Erstellung von Interpretationen
- Fragenkatalog mit ausgewählten Beispielen
- Analyseraster

☆ **Anleitungen**
(konkrete Anleitung - Schritt für Schritt,
mit Beispielen und Übungsmöglichkeiten)
- Bausteine einer Gedichtinterpretation
- Musterbeispiele
- Selbsterarbeitung anhand praxisorientierter Beispiele

☆ **Übungen mit Lösungen**
(prüfungsnahe Aufgaben zum Üben und Vertiefen)
- konkrete, für Klausur und Abitur typische Fragen und Aufgaben-
  stellungen zu unterrichts- und lehrplanbezogenen Texten mit Lsg.
- epochenbezogenes Kompendium

Bernd Matzkowski
Wie interpretiere ich Lyrik?
Basiswissen Sek. I/II (AHS)
112 Seiten, mit Texten
Best-Nr. 1448-8

Thomas Brand
Wie interpretiere ich Lyrik?
Anleitung Sek I/II (AHS)
205 Seiten, mit Texten
Best-Nr. 1512-6

Thomas Möbius
Wie interpretiere ich Lyrik?
Übungen mit Lösungen, Band 1
Mittelalter bis Romantik
Sek. I/II (AHS),
158 S., mit Texten
Best-Nr. 1513-3

Thomas Möbius
Wie interpretiere ich Lyrik?
Übungen mit Lösungen, Band 2
Realismus bis Postmoderne
Sek. I/II (AHS),
149 S., mit Texten
Best-Nr. 1461-7

Bernd Matzkowski
Wie interpretiere ich Novellen und Romane?
Basiswissen Sek. I/II (AHS)
74 Seiten
Best-Nr. 1495-2

Thomas Brand
Wie interpretiere ich Novellen und Romane?
Anleitung Sek. I/II (AHS)
160 Seiten, mit Texten
Best-Nr. 1471-6

Thomas Möbius
Wie interpretiere ich Novellen und Romane?
Übungen mit Lösungen Sek. I/II (AHS)
200 Seiten, mit Texten
Best-Nr. 1472-3

Bernd Matzkowski
Wie interpretiere ich ein Drama?
Basiswissen Sek. I/II (AHS)
112 Seiten
Best-Nr. 1419-8

Thomas Möbius
Wie interpretiere ich ein Drama?
Anleitung
204 Seiten, mit Texten
Best-Nr. 1466-2

Thomas Möbius
Wie interpretiere ich ein Drama?
Übungen mit Lösungen
206 Seiten, mit Texten
Best-Nr. 1467-9

Bernd Matzkowski
Wie interpretiere ich?
Sek. I/II (AHS)
114 Seiten
Best-Nr. 1487-7

Bernd Matzkowski
Wie interpretiere ich Kurzgeschichten, Fabeln und Parabeln?
Basiswissen Sek. I/II (AHS)
96 Seiten, mit Texten
Best-Nr. 1519-5

Thomas Möbius
Beliebte Gedichte interpretiert
Sek I/II (AHS)
104 S., mit Texten
Best-Nr. 1480-8

Eduard Huber
Wie interpretiere ich Gedichte?
Sek I/II (AHS)
112 Seiten
Best-Nr. 1474-7
Ein kompakter Helfer zum Thema
Gedichtinterpretation.
Das Buch hebt sich durch seine kompakte
Darstellung und seine Methodik von anderen
Interpretationshilfen ab.

Bange ...leichter lernen!